ミルトン・エリクソンの心理療法

高橋フミアキ

言葉の時限爆弾を心にしかける!

「伸びない人」には理由がある!

教えるより気づかせる

「質問型会話テクニック」大全

コスモ21

カバーデザイン◆中村　聡

はじめに

部下がなかなかやる気を起こしてくれないとき、あなたはどうしますか？　怒鳴ったり、嫌味を言ったり、説教したりするのは逆効果だってことはご存知ですよね。報奨金を出しても、なかなかやる気になってくれません。お世辞を言ってもダメでしょう。

もしも、あなたのお子様が、あなたのことを無視しはじめたら、どうしますか？　何と言って声をかけますか。「挨拶くらいしなさい！」と叱っても、あなたのお子様は、小さな声でボソボソ言うだけでしょう。

あるいは、恋人が落ち込んでいたら、どうしますか？　ヘタに励ますとよけいイジケてしまうかもしれません。あなたの善意による励ましをプレッシャーに感じてしまうような恋人だったら、励ませば励ますほど追い込むことになってしまいます。

「伸びない人」には理由があります。そのことに本人が気づいて、自ら自覚しないかぎり、人として伸びることは難しいでしょうし、人間関係もよくなりません。職場で、家庭で、友人同士で、そう感じる相手は必ずいるでしょう。

そんなとき、親切心から「もっとこうしたらいいよ」と教えたくなるのが人情です。ところが、いくら言葉をかけても、相手が自分で気づいてくれないかぎり、変わることはありません。教えたつもりが、かえってそれまでの人間関係をまずくしてしまうことだってあります。

いつ関係が切れてもいい相手だったら、もういいやで終わることができますが、継続した人間関係ならば、そうもいきません。互いの関係をもっとよくしたいと思えば、なおさらです。なんとか気づいてほしいと思うことはよくあることでしょう。

気づきとは、本人が自分の心の中を言語化することです。人は、それができたとき心が動きだし、伸びていきます。そのための話し方として提案したいのが「質問型会話テクニック」です。

伸びない人には共通した傾向があります。本書は、それを24のケースに分けて、それぞれに応じた会話テクニックを紹介しています。あなたが気になっている相手もどれかに相当するでしょう。たとえズバリ当てはまることはなくても、似た傾向であれば、該当する会話テクニックを応用してチャレンジしてみてください。

アメリカにミルトン・エリクソン（1901―1980年）というスゴイ、ヒプノセラピストがいました。ヒプノセラピーというのは、催眠という特殊な意識状態の特性を生かして、心身の病を癒す療法のことです。欧米ではヒプノセラピーは医療として認められていて、多くの成果を出しています。

このエリクソンがいかにスゴイ人だったかというのは、いくつかのエピソードを紹介すればわかると思います。

両親がいくら言っても爪噛みを止めようとしない6歳の男の子に、エリクソンは、こんなことを言います。

「お父さんとお母さんは、キミにね、ジミー、爪噛みを止めなさいって、ずっと言ってきたよね。けど、お父さんもお母さんも、キミがまだ6歳だってことを、わかってないようだね。

それに、キミが7歳になるちょっと前にごく自然に爪噛みを止めるってこともわかってないようだ！　だから、お父さんとお母さんが爪噛みを止めなさいって言ったら、とにかく知らんぷりしなさい」

結果、ジミーは7歳になる1カ月前に爪噛みを止め、そのことを自慢するようになったといいます。

これは「ダブル・バインド（縛り）」という心理テクニックです。

くわしくは本文で解説しますが、「7歳になったら、自分は爪噛みという悪癖が治るんだ」と思い込ませるテクニックです。この思い込みが現実となり、7歳になる前に、自然に爪噛みを止めたというわけです。

こんなエピソードもあります。

ある男性が、難治性の皮膚炎を何とかしてほしいと、エリクソンを訪ねてきました。男性の全身の皮膚には発疹があり、不眠に苦しみ、顔や脚、腕、背中の痛痒《つうよう》に苦しんでいたのです。

エリクソンは「まったく目立たない改善でも、やってみようと思いますか？」と尋ねました。

エリクソンは、さらにこう説明します。

「もし、1週間で100万分の1パーセント改善したら、2週間で改善率は倍の100万分の2パーセントになり、3週間後には、さらに倍の100万分の4パーセントになりますが、ほぼ間違いなく、変化は目立たないでしょう」

男性は、この考えに夢中になりました。

「さらに、もう8週間、倍の改善率で進んでいくと、128パーセントになってしまいます。それだと、一生続く症状の減少度としては早すぎます」

とエリクソンは警告しました。

「たしかに、それは早すぎますね」

と男性も、それに合意します。

前進はゆっくりのままがいいという考えに男性も同意しました。

4週間後の2度目の面談で、男性は、

「自分が改善していることはわかるが、それはまったく目立たない状態だ」

と報告します。

8週間後の3度目の面談では、前回と同じだと答えました。

ところが、最初の面談から3カ月近くなってから、男性はエリクソンに緊急の電話をします。

「もう、びっくりしたのなんのって。ふと胸を見ると引っ掻き傷がなくなっていて、肌がほとんど治っているじゃありませんか。脚を見ると、そっちも良くなっていました。その後、先週は毎晩よく眠れていたことにも気づきました。不眠なんて、どこへやらです」

男性は興奮気味にエリクソンに報告しました。

こうした数々のエピソードや心理テクニックを知った私は、「ミルトン・エリクソンという男は天才だな」と思いました。相手に気づきを与える話し方をすれば、相手の内面に変化を起こさせることができるのですから。

私は、20年近く文章スクールを主宰し、企業研修や自治体の市民大学などで文章の書き方を教えてきました。いわば、言葉の専門家です。

そんな私が前妻の死に直面して精神的に落ち込んだとき、宮崎ますみ先生と出会い、ヒプノセラピーによって蘇生しました。その後、自分もヒプノセラピストになろうと一念発起し、勉強してヒプノセラピストの資格を取得したのです。

ヒプノセラピーについて勉強をしているうちに、ミルトン・エリクソンという偉大な療法家にどんどんのめり込んでいきました。

文章スクールの生徒たちに実験台になってもらったり、グループセッションを開いたり、個人セッションをしたりして、文献を読みあさるだけでなく、現場で活用しながらミルトン・エリクソンの心理療法を研究しました。

そこで、ふと気づいたのです。

このエリクソンの心理療法を会話に応用すれば、相手に気づきを与えて、人として伸びる手伝いができるのではないかと……。そうすれば、人間関係に苦しむ人たちのお役に立てるのではないかと……。

それが、本書を執筆する発端でした。

ミルトン・エリクソンの心理療法の特徴の一つは質問の力を利用して、相手の心の中を言語化し、気づきを与えることです。ですから、本書で紹介する会話テクニックも質問の力を利用した〝質問型会話テクニック〟になっています。

質問というのは不思議なもので、投げかけられた人はついつい考えてしまいます。本人の顕在意識が忘れていても、潜在意識は考え続けているのです。

こんな経験はありませんか？　テレビドラマを見ていて、「あれ？　この女優さんの名前、何て言ったっけ？」と考えるのです。でも、なかなか浮かんできません。番組が変わり、女優の名前を思い出していたことも忘れ、ふとトイレに立ち、トイレの鏡を見たとき「そうだ。あの女優は○○だよ」と突然思い出すのです。つまり、忘れていた間も潜在意識はずっと考えていたってことです。

この会話テクニックは、そんなふうに作用します。言葉の時限爆弾をしかけておけば、ある日、突然、相手の心に大きな気づきが生まれ、相手はみるみる伸びはじめるのです。心のなかに革命が起こるのです。

といっても、この時限爆弾は爆発しません。時間がくると花が咲きます。植物が生育するように目に見えない速度で、しかし確実に相手は変化し伸びていきます。あなたは、言葉という養分と水をあげ続ければいいのです。気がつけば見事な大輪の花を咲かせるでしょう。

これは使わなければ損です。ぜひとも、職場や学校や家庭で、さらに恋愛などで、この質問型会話テクニックを試してみてください。

本書は順を追ってよんでいただいてもいいですし、関連するケースから読んでいただいてもけっこうです。何より「質問型会話テクニック」が人を伸ばし、人間関係をステップアップする助けになることを願っています。

高橋フミアキ

教えるより気づかせる「質問型会話テクニック」大全……もくじ

パート

I

教えるより気づかせる24の質問型会話テクニック

パート II 人間関係をよくする7つの「言葉の習慣」

パート I

教えるより気づかせる
24の質問型会話テクニック

パートⅠでは24の質問型会話テクニックを紹介します。ミルトン・エリクソンの論文やエリクソンの弟子たちや研究者らが残している文献から重要な心理療法を抽出し、会話に応用しています。

ミルトン・エリクソンは精神科医として、そして天才的なヒプノセラピストとして、うつ病やパニック障害などの精神疾患はもちろん、内臓疾患や皮膚の病気なども治療していました。

本書は病気を治すことを目的としていません。しかし、「愚痴が多い人」とか、「何度も同じことをくり返す人」、「不安感でいっぱいの人」などは、人として伸びることができない原因が自分の中にあることに気づかない、ある意味、病人と考えることもできるでしょう。

本書ではそんな人を傾向別に24のケースに分類し、それぞれに気づきを与える質問型会話テクニックを紹介しています。

こんな人には、どんな話し方が適切なのか、具体的な場面を設定し、言葉のやりとりを読みながら会話の本質をつかめるように工夫しています。それによって、教えるより気づかせる質問型会話テクニックを実際の会話の場で活用していただけるようになっています。

複数の会話テクニックを組み合わせてもいいでしょう。

ひとつ重要なアドバイスがあります。相手と話すときは、相手をリラックスさせることです。相手が緊張状態になっているときは、何を言っても相手の心に入っていきません。この会話テクニックを使うときも、できるだけ相手がゆったりできるようにしてください。ソファーに座らせ、ビールでも飲んでもらうのもいいかもしれません。お子様には、炭酸ジュースなどいかがでしょうか。炭酸にはリラックス効果があることが証明されています。

01 愚痴が多い人

――愚痴は心理的毒。吐き出す側も聞く側もキズだらけ

☆会話テクニック「学びの視点を与える」

顔を合わせると、愚痴を言い出す人がいます。会社や上司に対する不平や不満、共通の友人への悪口などです。

愚痴は心理的な毒ですから、相手は無意識にその毒を吐き出して、スッキリしたがっているのです。しかし、毒は吐き出せば吐き出すほど、本人を苦しめます。愚痴を言うほど毒に冒されていくのです。その毒は聞いている側にも回ってきます。

普段から愚痴が多いことを気づかせるには、どんな話し方がいいでしょうか。

ダメな話し方

――「うちの上司は、いつも横柄で、ムカツクことがよくあるんだけど」

「何か嫌なことがあったんじゃないの？　売り上げがあがらないし、部下は思うように動いてくれないし、それでイライラして横柄な態度をとってしまうんじゃないかなぁ」

「オレはどうすればいいんだろう？」

「無視するしかないでしょう。あなたは、あなたの仕事をやるだけ。まわりがどうあろうと、あなたはあなたらしく働けばいいんじゃないかなぁ」

「そうは言っても、あの上司がムカついて仕事が手につかないんだよ」

「だったら、もっと上の上司に何とかしてくださいってお願いしてみたらどうなの？」

「それができれば苦労しないよ」

「じゃあ、同僚や後輩たちに呼びかけて被害者の会をつくるとか」

「まさか、そんなことできないよ」

「嫌なら辞めちゃうしかないかもね」

「いやいや、それは発展しすぎでしょ」

NGな理由

愚痴を言っている人に、いくら「こうしたらいいんじゃない」と話しても、さらに愚痴が続きます。本人はただ愚痴を聞いてほしくて言っているだけだからです。親切心で愚痴を黙って聞いてあげていれば、そのときは本人の気持ちはスッキリするかもしれませんが、愚痴を辛抱強く聞くのはツライことですし、言っている人の精神はどんどん蝕まれていきます。結局、人間関係が壊れていきます。

必要なのは相手に気づきを与えることです。本当はどうすればいいのか、答えは他人から与えられるものではなく相手の内にあるのです。そのことに気づくことなのです。

気づきを与える話し方

「何で、あの上司は、いつも横柄なんだろうね。ムカツクんだけど」

「何か嫌なことがあったんじゃないですか？　売り上げがあがらないし、部下は思うように動いてくれないし、それで、イライラして横柄な態度をとってしまうんじゃないかなぁ」

「オレはどうすればいいんだろう？」

「私は、あなたの上司のことや職場のことはよく知らないから、そのことに関して、私は何もできないかもしれません」

「それは、そうだよな」

「でも、もしも、これに関して何かできることがあるとしたら、あなた自身の学びが、あなたを優秀な人材にしてくれるかもしれないよ。その上司の横柄な態度から、何か学ぶことがあるかなぁ？」

「反面教師ってことかな」

「たとえば？」

「オレはいくら管理職になったとしても決して横柄な態度をしないし、部下は大切にする」

「ステキな上司になれそうですね。いや、あなたならきっとなれる」

ポイント

この会話テクニックのポイントは「その上司の横柄な態度から、何か学ぶことがあるかなぁ？」という質問です。

人間が成長し、幸せになっていくには「学びのプロセス」が必要です。この話し方のように、相手のなかに「学んでみようかなぁ」という気づきが芽生えれば、見違えるように成長していきます。

これは「メタ・テレオロジー」と呼ばれる会話テクニックです。テレオロジーというのは目的のことです。つまり、メタ・テレオロジーというのは、自分自身の目的に気づかせるための会話テクニックなのです。

そのポイントは、今、何を学ぶかという視点を持たせることです。人生はすべて学びだというメタ視点を相手に持たせるのです。

エリクソンはレイノー病に苦しむ50代の女性患者に、「直感的な学びを利用すれば、自分の目的が達せられる」ことを理解させ、病気を改善させました。彼女は、夜、寝る前に自己催眠の状態で学びを実行している自分をイメージするよう、エリクソンから指示を受けました。学びという視点を持つことで、彼女は病気を改善することができたのです。

02

同じ話題を何度もくり返して話す人

――拒否じゃなくて、無視じゃなくて話題を変える

☆会話テクニック「注意そらし」

話していると、同じ話題を何度もくり返す人がいます。会社のもめ事だったり、家族とのトラブルだったり、内容はさまざまですが、同じ話題を延々とくり返して話すのです。

実際、相手は、そのことを考え続けています。四六時中考えているから口を突いて出てくるのです。

もしかすると、ストレスの強い環境にいて、軽い神経症になっている可能性もあります。あるいは、「心配性」「完璧主義」「神経質」「自分に厳しい」といった性格の人なのかもしれません。

いずれにしても、何度も同じ話をくり返されると、聞いている側も疲れてきますし、

こんな関係を続けることが負担になってきます。

そうならないためには、相手に気づかせることが必要ですが、それにはどんな話し方がいいでしょうか。

ダメな話し方

「オレのおふくろが、結婚しろって、うるさいんだ。やれ、どこどこの何々ちゃんは結婚して子どもが生まれたとか、誰々君は盛大な結婚式をあげたとか。30過ぎて結婚もせずに実家暮らししてる子がいると思うと、恥ずかしくて街を歩けないとか、そんなこと言うんだ。どう思う？」

「そうですか？」

「口うるさい母親を持つと大変だよ」

「愛されてるってことじゃないですか？」

「愛情の押し売りはウンザリだよ。結婚、結婚って言われると、苦しくなる。もの凄いストレスだよ」

「その話、さっきから何度も話していますけど、同じ話はもう止めにしませんか？　も

―の凄いストレスなんですけど……」

NGな理由

たしかに、何度も同じことを聞かされるとウンザリします。だからツイツイ、「もう聞きたくない」という態度を取ってしまいがちです。しかし、それを口に出してしまったら、今後、その相手との関係は切れてしまうでしょう。

では、何度も同じ話題をくり返していることを相手に気づかせるには、どんな話し方がいいでしょうか。

気づきを与える話し方

「オレのおふくろが、結婚しろって、うるさいんだ。やれ、どこどこの何々ちゃんは、結婚して子どもが生まれたとか、誰々君は、盛大な結婚式をあげたとか。30過ぎて結婚もせずに実家暮らししてる子がいると思うと、恥ずかしくて街を歩けないとか、そんなこと言うんだ。どう思う？」

「口うるさい母親を黙らせる方法がありますよ。知りたいですか？」

「知りたい」

「口うるさいお母さんが、優しくあなたに接してくれたら最高ですよね。そんなお母さんになってもらう方法なんですが、その前に、ちょっと2、3質問させてもらってもいいですか？」

「はい。いいですよ」

「いままで観た映画で、いちばん感動したのは、どの映画ですか？」

「ショーシャンクの空に、かな」

「ああ、あの映画、私も観た！」

ポイント

これは「注意をそらす」という会話テクニックです。否定的な予想と相容れないなんらかによって注意がそらされると、永続的な悪循環を中断することができます。悪循環が中断すれば、より多くのエネルギーを新たな関心に使えるようになります。「注意そらし」は、それを目的としています。

ポイントは、相手が関心を持ちそうな話題を見つけることです。このケースでは「口うるさい母親を黙らせたい」という願望がすぐに見つかります。そして「その方法がありますよ」と言えば、相手の注意は、母親の残像から、そちらにそれていきます。この質問が重要です。

「口うるさい母親を黙らせる方法がありますよ。知りたいですか？」

「口うるさい母親を黙らせる方法」というのが注意をそらすための道具です。そのあとに「知りたいですか？」と質問すれば「知りたいです」と答えるに決まっています。

注意をそらすための道具のことを「レッドへリング（燻製ニシン）」といいます。猟師が「レッドへリング（燻製ニシン）」を引きずって猟犬の注意をそらしたことからきています。推理小説で真犯人から注意をそらすために犯人らしき人物を登場させることがありますが、その犯人らしき人物のことをレッドへリングということもあります。

それには、「知りたいですか？」という質問が効果的です。この質問で主導権があなたに移動します。相手が「はい」と応じたら、あとは、あなたが次々と質問を投げていけばOK。とくにあなたの好きな話題へもっていくことができれば、あなたが楽しめる話題で盛り上がることだってできます。

03

不安でいっぱいになっている人

——「不安になってもしょうがない」は相手を否定する言葉

☆会話テクニック「背中を押す」

どんな人でも強烈な不安感に襲われることがあります。不安になると四六時中、そのことを考えてしまい、泥沼から抜け出せなくなるものです。

「このままだと会社をクビになってしまうのではないか」とか、「一生、上司にイジメられるのだろうか」とか、口を開けば自分の心配事ばかり口にする人がいます。

それでは、人として伸びていきません。そのことに気づかせるには、どんな話し方がいいでしょうか。

ダメな話し方

——「このままだと会社をクビになってしまうかもしれないんだ」

「どうしたの？」

「社内はリストラの嵐でね。みんな不安のなかで仕事してる」

「だからって、あなたまで不安になることはないんじゃないの？」

「でも、不安で、不安で、夜も眠れないときがあるんだ」

「不安になってもしょうがないじゃないの。もっと元気出して」

「そうは言っても、元気なんか出ないよ」

「自分で会社の業績を10倍アップさせて、リストラなんか吹き飛ばしてみなさいよ」

NGな理由

相手が不安な気持ちになっていたら、何とか元気になってもらいたいと誰もが思うはずです。だから、励まそうという気持ちで、「不安になってもしょうがないじゃないの」と言ってしまうのだと思います。

しかし、これは相手を否定する言葉です。否定されると、相手はよけいに傷つきますし、やる気を失ってしまうでしょう。

「このままだと会社をクビになってしまうかもしれないんだ」

「どうしたの？」

「社内はリストラの嵐でね。みんな不安のなかで仕事してる」

「それで、不安になっているんですね。わかります。私も経験がありますから（共感）」

「へえ。そうなんだ。どんな経験をしたの？」

「売り上げが落ち込んだとき、会社の借金が10億もあるっていう噂が流れてね。誰がクビになるかって毎日戦々恐々としていたの。

でもね、そのとき思ったの。リストラにあうっていう経験も、しておくといいかもしれないってね。だって、リストラってみんなの関心事でしょ。それって周囲にも話せるじゃない。それって、次の職場に行っても有利だと思ったの（逆転の発想）」

「へえ。スゴイね。オレはそんなふうに考えることができないなぁ」

「社内はリストラの嵐で、みんな不安のなかで仕事してるわけですよね。そんななかでも、あなたは逃げないで働いているじゃないですか。素晴らしいことだと思います。

（あるものにフォーカス）」

「そう言われると、オレって、ちょっと気持ちが軽くなってくるなあ」

「いまの状況を楽しんでみたらいかがですか？（結果ではなくプロセスを指示）何があっても私はあなたを応援しますから、大丈夫です。あなたなら、この難局を乗り越えて大きく成長しますよ（背中を押す）」

ポイント

「共感」→「逆転の発想」→「あるものにフォーカス」→「結果ではなくプロセスを指示」→「背中を押す」

この順番で話すと、相手は、本当はやる気を出して前進したいと思っている自分に気づきやすくなります。これが「背中を押す」という会話テクニックです。「わかりました。がんばります」と、スッキリとした返事は返ってこないかもしれませんが、心のなかでは、あなたのことを「この人といると、元気が出るなぁ」と思うはずです。

こういう話し方を何度かやっているうちに、相手は不安を振り払いスッキリして前向きに考えはじめるはずです。

04

何を話しかけても前向きに反応しない人

――人間性を分析されていると感じさせないようにする

☆会話テクニック「相手の言葉をくり返す」

何を話しかけても否定的にしか応じない人がいます。いつも自分がいちばん大変だといわんばかりの人です。「おはよう」とか「遅くまで頑張ってるんですね」と声をかけても、前向きな反応は返ってきません。

そのことに気づいてほしいと思ったとき、どんな話し方をすればいいでしょうか。ここで紹介するのは、「相手のよく使う言葉をくり返す」という会話テクニックです。

ダメな話し方

「**おはよう。うまくいってる?**」

「ていうか、朝から調子が出なくて……」

「ていうか、ってよく言うよね。口癖かな？」

「口癖っていうか、無意識に出てきちゃうんです」

「それって、口癖ってことだよ。『ていうか』という口癖は自分に自信がない現われだそうだよ。心理学の本に書いてあったよ」

NGな理由

いい人間関係を築いていくには相手を観察することが大事です。たとえば、相手の口癖を見つけることもあるでしょう。実は、それを活用して、親密度を深めることができるのです。

しかし、この場合のように相手がよく使う口癖のことを一方的に分析してしまうと、相手は否定されているようにしか感じません。たとえそれが好意から出たことであっても、相手は自分の人間性を分析されているように感じてしまいます。

もしかしたら相手のことをもっと知りたくて、心理学の本も買って読んだのかもしれませんが、それが裏目に出てしまいました。

気づきを与える話し方

「おはよう。うまくいってる？」

「ていうか、朝から調子が出なくて……」

「ていうか、朝から、元気そうじゃないか」

「そうでもないですけど」

「ていうか、何か、心配事でもあるのかな？」

ポイント

もう、おわかりですよね。そうです。

このように、相手が普段からよく使う言葉を使って話すと、相手は、無意識にあなたが好感を持ってくれていることに気づくかもしれません。そうなったら、心を開いてあなたのことを受け入れてくれるようになるでしょう。相手の無意識があなたのことを同類だと認識するようになり、より深い信頼関係を築くことができるのです。

エリクソンはある病院で、分裂した言語しか話さない患者を担当することになりました。「バケツ一杯の砂…バケツ一杯のラード…脂が火の中…タイヤが溶けちゃって」といった調子です。入院して9年間、誰もこの患者の言っていることを理解できませんでした。

そこでエリクソンは、この患者が使っている言葉を、そのまま使って話をしたのです。心のこもった言い方で……。しだいに患者は、エリクソンと長く話し込むようになり、少しずつ意味の通じるコミュニケーションができるようになったということです。

相手の使っている言葉を注意深く観察し、それをあなたも使えば、相手との距離がグッと近くなります。

05

すぐに感情的になって怒りだす人

——相手の思い込みを頭ごなしに否定しない

☆会話テクニック「受け入れて質問する」

考え方や価値観の違いで多くの人は衝突します。

「相手が考えを改めてくれるのであれば、仲良くしてやってもいい」という思いがあると、自分の常識やルールに合わない相手をなかなか認められないものです。そのままにしていると、人間関係は崩れていくでしょう。

人は互いに違っていて当たり前だとわかってはいても、相手との間に壁をつくって、あの人は自分と合わないと批判してしまうものです。それでは、人間関係はうまくいきません。そのことに気づかせるには、どんな話し方をすればいいでしょうか。

ダメな話し方

「ムカムカする。あいつ、ぶん殴ってやりたい！」

「暴力はダメよ」

「でも、この怒り、おさめられない」

「暴力だけは絶対に反対ですからね」

「だって、腹の虫が……」

「我慢して！」

NGな理由

たしかに暴力は悪です。しかし、相手の考えが間違っているとムカついているところに、「暴力反対！」と叫んだところで決して納得しないでしょう。たとえ、あなたが言っていることが正しくても、あなたへの反発心だけが残り、あなたとの人間関係まで急激に冷めてしまうかもしれません。

気づきを与える話し方

「ムカムカする。あいつ、ぶん殴ってやりたい！」

「え？　私、人を殴ったことない。殴るときは、グーで殴るの？　それともパーで殴るの？」

「もちろん、グーでしょ」

「そのときは右手を使うの？　それとも左手？」

「ボクは右利きだから、右だね」

「強さはどのくらい？」

「思いっきりいくよ」

「重さでいうと何キロ？」

「何キロだろ？　わからないなぁ」

「どんなふうに殴るの？　ちょっとやってみて」

「もう、いいよ。バカらしくなってきた」

ポイント

エリクソンはこんなことを言っています。

「患者の考えを、それがどんなものであれ、まず受け入れようとしてみること、そしてそれから、彼らを方向づけていこうとしてごらんなさい」

相手の考えが「あいつを許せない」とか「死にたい」という非常識なものでも、まずはその考えを受け入れてみます。それから、それに関する質問を投げかけます。

ポイントは、自分の考えを冷静に見つめ、自分の考えにも間違いがあるかもしれないと気づかせることです。頭ごなしに言っても、相手は絶対に納得しません。

ヴォルテールにこんな名言があります。「私はあなたの意見に反対だ。だが、あなたがそれを主張する権利は命をかけて守る」

もう一つのポイントは質問です。次々と質問を投げかけて、相手を落ち着かせることです。相手は興奮して怒っているかもしれませんが、あなたは冷静に対応してください。あなたが冷静でいれば、必ず相手の怒りは収まり、リラックスしていくでしょう。そうやって相手をリラックスさせてから、あなたの意見を述べることです。

06

遅刻してきても平気な顔をしている人

——自分の気持ちをそのまま伝えればいいわけではない

☆会話テクニック「パターン介入」その1

出会って間もないころは緊張もあって待ち合わせ時間に遅れることはなかったのに、少し親しくなってくると甘えが出てくるのか、たびたび待ち合わせに遅刻してくる人がいます。5分とか10分とか、ちょっとした時間です。仕事で遅くなるのならまだしも、大した理由もなく遅刻するのです。

相手が遅刻してくると、たいがいの人はイラッとします。その怒りを相手に言ってしまうと喧嘩になり、小さな亀裂が入ってしまうでしょう。その亀裂がいつの間にか大きくなっていくこともあります。

そうならないためには、イラッとしたことを自分の中に溜め込まないこと、そして相手に気づかせることです。そのためには、どんな話し方がいいでしょうか。

ダメな話し方

「○○さんって、いつも遅刻してくるよね」

「ごめん」

「あなたのために言うんだよ。時間にルーズな人って、信用を失うからね」

「仕事では遅刻したことないけど……」

「それって、私との約束をいい加減に考えてるってこと？」

「そんなことないよ」

「私、いま、すごく、傷ついた。もう、許さないから」

NGな理由

心理学の本に、「自分が傷ついたことを、ちゃんと相手に伝えましょう」と書かれたものがあります。相手に問題行動を改めるように指示するのではなく、自分の感情を伝えるといいというのです。

しかし、それで本当にいいのでしょうか？

「あなたに遅刻されて傷ついた」「悲しかった」「情けなかった」と、ネガティブな感情をぶつけると、その感情は倍になって返ってきます。

そもそも「すごく、傷ついた」と言ってしまうと、あなたは被害者になってしまい、相手は加害者になってしまいます。加害者は犯人であり、悪人です。自分が被害者になることで、相手を責めていることになります。

法治国家では被害者のほうが強いのです。加害者は裁かれます。被害者になることで相手を裁いていると、同じような仕打ちを必ず受けることになります。今度は相手から裁かれるようになるのです。ですから、被害者になろうとするのはやめたほうがいいと思います。

気づきを与える話し方

「あら、遅刻ですよ」

「ごめん」

「今日は、何時に家を出たの？」

「5時だけど……」

「家を出る前は、いつもどうしてるの？」

「時間がくるまでテレビを観て、時間がきたら、服を着替えて出かける」

「じゃ、1つだけ、私のお願いを聞いてもらえる？」

「いいよ」

「次回は、先に服を着替えて、時間が来るまでテレビを観るようにしてくれないかなあ」

「いいよ」

ポイント

これは「パターン介入」というエリクソンが得意とする会話テクニックです。相手が、いつもどんなパターンで、その問題行動を起こすのかを、まず探ります。そして、そのパターンのなかで、相手が受け入れてくれそうな、ちょっとした変化をお願いするわけです。

この場合では、テレビを観ることと、服を着替えることの順番を入れ替えることでした。たった、これだけのことならば、相手も実行してくれる可能性があります。

「でも、そんなことで、遅刻常習犯が更生するわけないでしょ」

と言う人がいるでしょう。

もちろん、1回や2回で遅刻しなくなることはないでしょう。お願いしたことはやってくれたかもしれませんが、今度は違うことで遅刻してくるかもしれません。そのときは、先回とは違う変化をお願いしてみるのです。

自分の身に置き換えて考えてみてください。一度固まったパターンを壊すのは、そんなにたやすいことではないのです。だから、それなりの時間がかかるでしょう。

この「パターン介入」という会話テクニックは、いろんな場面で使えます。ポイントは、相手のパターンをよく観察して、そこに小さな変化を起こすヒントを見つけることです。

エリクソンはこんなことを言っています。

「堤防のあんな小さな穴がすぐに洪水を起こすなんてことはありません。でも、いつか洪水を引き起こすことはあるのです。小さな行動パターンの変容でも、それを何とか突破してしまったら、その亀裂はどんどん大きくなり続けるのです」

07

迷惑な癖なのに開き直っている人

――「嫌なことは嫌」と言える関係の落とし穴

☆会話テクニック「パターン介入」その2

たとえば、「貧乏ゆすり」が癖の人は、それが癖になっているので指摘されても仕方ないと開き直ってくるケースがあります。しかし、気になる人にとっては嫌でたまらないことです。

かといって、なかなか変わらないのが習慣ですし、本人にとっては当たり前のことになっています。それが互いの人間関係にマイナスになっていることに気づかずに続けてしまうのです。

では、どんな話し方をすれば気づいてもらえるでしょうか。

ダメな話し方

「その変な癖、やめてくれない？」

「変な癖って？」

「その貧乏ゆすりよ」

「わかったよ。やめるよ」

「そう言って、また忘れたころにやるんでしょ」

NGな理由

「嫌なことは嫌と言える関係」を築きなさいと、心理学の本は言いますが、それができれば苦労はしないでしょう。どうやったら、そんな関係になれるのか、みんな悩んでいるのです。

「嫌なことは嫌と言える関係」になりたくて、ついつい相手に注意したり、喧嘩したりしていると、結局、関係は悪化していきます。

「衝突を恐れてはいけない」という考え方もあるかもしれませんが、衝突して人間関係が壊れてしまっては元も子もありません。

衝突することで関係が悪くなるとしたら、はなからやり方が間違っているのではないでしょうか。

気づきを与える話し方

「**いつも貧乏ゆすりしてるよね**」

「うん。これ、癖なんだよ」

「**それって、足を組んでもできるの？　やってみて**」

「できるよ」

「**太ももに手を置いたときはどう？**」

「できるよ」

「**じゃあ、かかとを床につけたままだったらできる？**」

「かかとを床につけると貧乏ゆすりはできないね」

「**私と一緒にいるときだけでいいんだけど、かかとを床から離さないでほしいの**」

「わかったよ」

ポイント

左の親指をしゃぶる習慣のある6歳の男の子にエリクソンはこんなことを言いました。

「それじゃあ、不公平だよ。他の指も、同じくらい時間をかけてあげなきゃ」

そう言って、他の指を全部しゃぶるように誘導した結果、その男の子は、指しゃぶりの習慣を50%減少させたといいます。これも先述した「パターン介入」という会話テクニックです。

最初から完璧には治りませんが、50%も改善したらヨシとしましょう。その50%が少しずつ増えていき、いつか100%になっていきます。

コラム 「愛してる」と「ありがとう」は潜在意識深くに浸み込む魔法の言葉

恋愛に限らず、職場でも、友人関係でも、そうした人間関係の最初には「ロマンス期」があります。たとえば、職場に新しい人が入ってきたとき、どうなりますか？　昔からいる人たちはチヤホヤしてしまうはずです。なかにはチヤホヤの輪に入ろうとせず無視する人もいるかもしれませんが、そんな輪の外の人も新しく入った人のことを知らぬ間に注目しているものです。

ところが、しばらくたつと、新しい人が職場でボロカスに言われはじめます。これが「バトル期」です。恋愛関係だと顕著に出てきます。数カ月前はあんなにラブラブだったのに、なぜか、喧嘩ばかりするようになり、罵り合い傷つけ合うのです。ラブラブがボロボロになります。

この「バトル期」を乗り越えたら素晴らしい人間関係が築けるのですが、多くの場合は、乗り越えられずに関係が崩壊してしまうのです。職場でも「バトル期」が乗り越えられず、ギクシャクした空気のままになってしまうことがあります。友人関係でも、コミュニティで知り合った友人と最初は意気投合したのに、バトル期が乗り越えられずに絶縁状態になることも少なくありません。

家族でも、子どもが幼少期のころは幸せを感じたり愛しく思えたりします。その時期を過ぎると、ツラく悲しい「バトル期」がやってきます。そして、「バトル期」を乗り越えられなかった家族は、崩壊するのです。

そうならないための秘訣があります。それは、「ロマンス期」に少しでも多く「愛してる」と「ありがとう」という言葉を口にすることです。あなたと相手と、両方の潜在意識の奥深くに滲み込むように、くり返し、くり返し、呪文のように言うのです。

そうすると奇蹟が起きます。

まずあなたのなかに変化が起きて本当の意味で相手を愛しはじめるでしょう。人を愛するとはどういうことなのか考えるようになります。潜在意識が

「あ、私は、この人を愛してるんだ」

と思いはじめ、そのように動きだすのです。

そもそも、人を愛するとは、どのような行動をすればいいのでしょうか？

相手にお金を与えることが愛するということでしょうか。

相手の部屋を掃除したり弁当を作ってあげたりすることが愛するということでしょうか。

お金を与えてしまうと、働いてお金を稼ぐという相手の活力を奪うことになります。掃除や洗濯や料理をやってしまうと、相手は自分のことを自分でできない

ようになってしまいます。相手のために思ってやることが、実は相手をダメにしているケースも少なくないのです。

そう考えると、いったい、何をすればいいのか、わからなくなってきます。

そうです。何もしなくていいんです。相手の成長と幸福を祈るだけでいいんです。心のなかを「愛してる」という言葉でいっぱいに満たせばいいのです。そうすれば、あなたの存在自体が、相手を包み込むようになります。

「でも、何度も愛してるって言ってると、相手は調子に乗って浮気したりしないですか？」

ある女性からそんな質問を受けたことがあります。

たしかに、そんな側面はあります。「こいつは、完璧にオレのものになった」と安心して、ゾンザイに扱ったり、浮気したりしてしまう男性がいるのはたしかです。しかし、相手もきっと気づくはずです。フラフラと浮気な恋に漂流するよりも、たった一人の人を全身全霊で愛することのほうが数段楽しくて幸せだってことに……。

「ありがとう」という言葉も同様に、呪文のようにくり返してください。あなたが感謝すれば、相手もあなたに感謝するようになりますから。

職場では「愛してる」という言葉は使えません。だから「ありがとう」を呪文のように言ってみてください。新しい職場に配属されたら、昔からいる人たちに「ありがとう」と心から感謝してみてください。昔からいる人たちも、新人に「ありがとう」と何度も言ってみてください。不思議と「バトル期」がこないで、楽しく明るい職場が出来上がります。

08

嫌みや皮肉な言葉をよく使う人

――相手が「いいえ」と答えてしまう質問をする

☆会話テクニック「ノー・セット」

男女のことでいえば、「お前はダメな奴だな」とか、「もうちょっと手を早く動かせないのかなぁ」とか、「今日は一段と厚化粧してきたなぁ」とか、近しい間柄になるほどキツイ否定の言葉を平気で言う人がいます。

人を否定する心理には二つあります。一つは、もっとちゃんとしていてほしいという願望をストレートに言えずに、ついつい否定してしまうケースです。もう一つは、自分に対する否定的な気持ちが強くて、自分を扱うように他人を扱い、相手にも否定的な言葉を使ってしまうケースです。

そんな人に否定的な反応をしてしまうと、言い合いになり、否定合戦になってしまいます。それでは、大切な人間関係まで壊れてしまいます。否定の言葉が人の心を傷つけていることに気づかせるには、いったいどんな話し方がいいでしょうか。

ダメな話し方

「なんで、そこで、はい、と言えないかなぁ」

「なんで、いつも、こちらを否定するわけ？」

「間違ってるって教えてあげたんだから、普通、ここは、ありがとうでしょ」

「はいはい、ありがとうございました」

「はいは、1回でいいの」

「は〜い」

「何、その言い方、気に入らないなぁ」

NGな理由

これは、もう、喧嘩の一歩手前です。イエローフラッグがあがっています。誰でも一方的に否定されていると感じると、たとえ言われていることが当たっていると思っても、素直に認めたくないものです。仕返しをしたくなりますし、腹も立ちますからね。

せっかく相手に気づいてほしくて言ったつもりなのに、「少し、距離を置いたほうがいいんじゃないかなぁ」となります。そして、関係が難しくなってしまうこともあるのです。

気づきを与える話し方

「なんで、そこで、はい、と言えないかなぁ」

「なんで、いつも、こちらを否定するわけ？」

「間違ってるって教えてあげたんだから、普通、ここは、ありがとうでしょ」

「もしかして、あなたは、私の悪いところばかり見て、いいところを見るのが怖いの？」

「いや、そんなことないよ」

「たまには、私の話を聞こうとしないんだ？」

「違うよ」

「私の目を見て、まっすぐに向き合うのが恥ずかしいの？」

――「いや、そんなことないけど……」

ポイント

これは「ノー・セット」という会話テクニックです。相手に「いや（ノー）」と言わせるような質問を次々と投げかけるという会話テクニックです。このテクニックを使うことで、相手に自分のやってもらいたいことをやってもらうわけです。

この場合だと、「私のいいところを見てほしい」「私の話を聞いてほしい」「まっすぐに私に向き合ってほしい」という願望を持っていることを気づかせるように話しかけているのです。

否定的な相手には、とくにこの「ノー・セット」という会話テクニックが有効です。

エリクソンの講演中、聴衆のなかに、口をはさんで妨害する男がいました。そのとき、エリクソンはその男に対して「君はステージに上がって来るのが怖いんだ。静かにしようとしないんだ。被験者用の椅子のところまで歩いて来ようとしないんだ。君は座らないだろう。両手を膝の上にゆったりと置かずに、君は両手を頭の後ろに組むだろう」と言いました。

男は、ことごとくエリクソンに反抗しながらも、結果的にエリクソンの催眠誘導に協力し、ついには深いトランスに入ったのです。

ポイントは、相手が「いいえ」と答えてしまうような質問をすることです。たとえば「あなたは人の言うことに『その通り』と答えるのが嫌なのですか？」と質問すると、相手は「いいえ、別に」と答えるでしょう。そのとき相手の潜在意識のなかに「その通り」という言葉がインプットされます。これは小さな変化ですが、いずれ時間がたつうちに言葉の時限爆弾がはじけて気づきを与え、大きな花を咲かせます。

09

“何をやってもダメだ”と決めつける人

——頑張れ！　と励まして追い込まない

☆会話テクニック「スプリッティング」

最初は誰だって、いい面を他人に見せようと努力しますが、しばらくすると地が出てきますし、ダメな部分もどんどん出てくるものです。

とくに否定的に考える人は、「自分はダメな奴だ」「何をやってもダメだ」「周りはみんなボクの足を引っ張る」「最悪な会社だ」などと、自分だけでなく周囲まで否定するようになります。

ダメだと思い込んでしまうと本当にダメになってしまいます。周囲を否定すると本人も否定されます。

そのことに早く気づいてほしいものですが、それには、どんな話し方がいいでしょうか。

ダメな話し方

「最近、何をやってもうまくいかないんだ。オレ、もうダメかもしれない」

「何、言ってるの。あなたは素晴らしい人よ。頑張らなきゃダメでしょ」

「そうは言ってもねぇ」

「何か資格でも取って、スキルアップしたらどう？」

「大変そうだなぁ」

「そんなこと忘れて、今日は、パァっと楽しみましょ！」

NGな理由

相手に元気になってほしくて励ましたつもりでも、それが相手を苦しめるということがあります。良かれと思ってやったことが裏目に出ることがあるのです。

頑張れないときに、頑張れって言われるのはツライものですし、アドバイスを受けると、できない自分がよけい情けなくなるものです。

この場合は、「頑張れ」と励ましていますし、「資格を取れ」とアドバイスしています。これは相手を追い込むだけで、何の効果も期待できないでしょう。

気づきを与える話し方

「最近、何をやってもうまくいかないんだ。オレ、もうダメかもしれない」

「人間だからダメな部分もあるでしょうね。でも、いい部分もあるはず。まずは、ダメな部分から教えて？　どんなところがダメなの？」

「上司の言われたとおりのことができない」

「他には、どんなダメなところがあるの？」

「常識を知らない」

「他には？」

「仕事が遅いことかな。そんなことでいつも上司に叱られる」

「じゃ、今度はいいところを教えて？」

「オレのいいところって、どこだろう？」

「歴史に詳しいじゃない。とくに幕末のことはよく知ってる」

「そんなこと自慢にはならない」

「私はスゴイことだと思うよ。自慢にならないかもしれないけど、自分に自信を持つためには役立つかもしれない。今日から、少しずつ、忘れていた自分のいいところを思い出すようになる〝おまじない〟をしてあげる」

ポイント

ここに出てくる「おまじない」は、何でもいいのです。キスでもハグでも握手でも、呪文でもいいのです。あなたなりのおまじないを考えてみてください。

この話し方のポイントは、細かく分離させて質問することです。ダメなところは100％ではないことに気づかせ、その思考から分離させることです。

おそらく会社で上司に叱られたのでしょう。そのことで、人生すべてがダメだと思い込んでいるのです。その思考から分離させて、すべてがダメなのではない、いいところもあると考えるように促すのです。

子どもが親におねだりするとき、たとえば「クラスのみんながケータイ持ってるんだよ。だから買って」と言ってきたとします。よくよく聞いてみると、みんなが持っているわけではありません。そのことに気づかせ、みんなが持っている、だから欲しいという思い込みを分離させます。

こうして相手の思い込みを分離させるのが「スプリッティング」という会話テクニックです。この場合のように、「すべてがダメだ」と思い込んでいる相手には、とくに有効です。

ちなみに、スプリッティングは、赤ん坊が、自分を満足させてくれる親の側面（良い対象）と、満足させてくれない親の側面（悪い対象）が分かれたままで、同じ親の中に統合できないことに由来します。

心理学では、スプリッティングは発達段階の一つとして、あるいは防衛機制の一つとして理解されています。

10

優柔不断で決められない人

——決断すると喜ばれる経験を増やす

☆会話テクニック「選択肢の錯覚」

優柔不断な人がいますが、そこには「慎重に選びたい」「後悔したくない」「責任は取りたくない」という心理があるようです。慎重に選んで、最後はちゃんと決断するのであれば問題はないのですが、責任を取りたくないので決断しないというのであれば、将来が不安になります。

たとえば恋愛をしていて結婚という大きな決断をするとき、いつまでもズルズルと逃げてしまう人がいます。慎重なのはいいのですが、じつは責任から逃げているだけだとしたら大きな問題があります。そのことに気づかせるには、どんな話し方がいいでしょうか。

ダメな話し方

「もう、イライラするのよ。早く決めてよ！」

「焦ることないでしょ。ゆっくりと決めさせてよ」

「たかだか、居酒屋のファーストドリンクを決めるのに、何分かかってるの？とりあえずビールでしょ」

「でも、今日は、ビールという気分じゃないんだよね」

「じゃ、私だけ、先に注文するからね。あなたのそういう優柔不断なところ、絶対に直してね！」

NGな理由

お腹がすいているときに、相手がなかなか最初のドリンクの注文を決めてくれないとイライラします。それで、ツイツイ文句を言ったりすることもあるでしょう。

しかし、そうしてしまうと、気まずい雰囲気になってしまいます。そんなことは小さな亀裂かもしれませんが、それがだんだん大きくなっていくのです。

気づきを与える話し方

「ファーストドリンクをサッサと決めて、私とたっぷりおしゃべりする時間を持つ？

それとも、空腹を満たすためにとにかく何かを腹に入れる？　どっちにする？」

「もしかして、お腹、すいてるの？」

「そうだよ」

「じゃ、生ビールでいいや」

「早めに決めてくれて、ありがとう！」

ポイント

これは「選択肢の錯覚」という会話テクニックです。「たっぷりおしゃべりするか？」それとも「空腹を満たすか？」と二つの選択肢を与えることで、こちらが早く選択したがっているんだと気づかせることができます。二つの選択肢を与える質問をするのです。

たとえば、「あなたは、この問題は2週間でなくなるか、3週間でなくなるか、どちらが現実的だと思いますか？」という質問だと、問題がなくなることが前提になっています。「日曜日のデートはイタリアンがいいですか？　和食がいいですか？」と質問すれば、デートすることが前提になっています。こうした質問を投げかけることで決断しやすくなるのです。

ポイントは、優柔不断な人には少しずつ決断する習慣をつけさせることです。最初は選びやすい選択肢を与えて、決断すると喜ばれるという経験をさせてあげましょう。たとえば、二者択一で「生ビールもハイボールも、どっちも好き」と答える人には「生ビールを先に飲むか？　ハイボールを先に飲むか？　どっちがいい？」と質問すればいいでしょう。

「できる人は決断が早い」という考え方を少しずつ刷り込ませていく方法もあります。ことあるごとに「できる人は決断が早いって聞いたよ」とか「できる人は、そば屋に入る前から何を食べるか決めているんだってね」とか「○○会社の社長さんは、重要な案件を決めるときに、わずか2秒で決定するんだって」などと話すようにします。

そうすれば、いつしか「できる人は決断が早いのかなぁ」と考えられるようになり、決断が早くなるでしょう。

11

やってもらえるのは当然と思い違いしている人

——問題行動と結末をリンクさせる

☆会話テクニック「リンキング」

あれやって、これやってと細かいことまで注文を突き付けてくる人がいます。しかも、親しくなるほど、その傾向が増してきます。それが当たり前のように勘違いしているのです。

頼まれた側は、最初は応じるでしょうが、しだいにウンザリしてきます。こちらが爆発する前に気づかせるには、どんな話し方がいいでしょうか。

ダメな話し方

「朝の電話をしてくれって言ってるだけだよ。いいじゃない。いままで、やってくれたのに、何でやってくれないの？」

「私は、あなたのお母さんじゃないのよ」

「それ、どういうこと」

「朝、自分で起きられないなんて最低よ。そんなのはお母さんにやってもらって」

NGな理由

これは付き合っている男女の会話ですが、モーニングコールだけではありません。一緒に食事すると、「水が欲しい」とか「醤油かけて」とか「コート取ってきて」とか、何かにつけて細かい要望が増えてきたりします。

対応する側は、しだいに「そんなことくらい、自分ですればいいのに」と思うようになります。この場面のように、ウンザリして、ついキツイことを言ってしまうかもしれません。イライラしているときや疲れているときは、どうでもよくなってキレてしまうこともあるでしょう。

気づきを与える話し方

「ごめんなさい。今日から、逆転してみない?」

「逆転って？」

「あれやって、これやって、と言えば何でも聞いてくれる人がいると、あなたの将来、その結末がどうなるか、いままで一度も聞いたことがないでしょ？」

「うん。聞いたことないなぁ」

「一人では生きていけない、何もできない不能な人間が出来上がる。そして、あなたの要望を誰も聞いてくれなくなる。あなたの言うことを誰も聞いてくれなくなってもいい？」

「それは、嫌だね」

「でしょ。だから、今日から、逆転しましょ。今度は、あなたが私に尽くす番ね」

ポイント

これは「リンキング」という会話テクニックです。相手が絶対に避けたいと思っていることと、現在、やっていることをリンクさせるわけです。

この場合、あれやこれや細かいことを頼んでいることと、将来、誰も言うことを聞いてくれなくなるという結末をリンクさせています。

この会話で、すぐに要望をやめるとは思えませんが、相手の心に小さな気づきと変化をもたらすことができます。

くり返していると、その小さな変化はやがて大きな変化となり、いい人間関係につながっていきます。

「今日から、逆転してみない？」とか、「いままで一度も聞いたことがないでしょ？」とか、「あなたの言うことを誰も聞いてくれなくなってもいい？」と質問しながら気づかせることがポイントです。

何度も言いますが、質問というのは不思議なもので、質問された側は、ついその質問を考えてしまうのです。

12

相手のために忠告していると勘違いしている人

——論破できても遺恨が残る

☆会話テクニック「言語的リンキング」

優しかった相手が急に説教をはじめることがあります。相手は、あなたのためを思って言っているのかもしれないし、単に改善してほしいことを言っているのかもしれません。

説教好きな人は、自分が説教していると思っていないことが多いのです。

「オレは、世の中のことを知っているんだぞ」

「オレは、哲学的なことも考えているんだぞ」

だから

「お前に人生というものを教えてやろう」

ぐらいに思っているのでしょう。

いずれにしても、お説教は、聞いていて楽しいものではありません。自分が否定されたような気分になりますし、心も落ち込みます。できれば、やめてほしいものです。自分では相手のために忠告しているつもりでも、それが相手に不快感を与えているのです。そのことを気づかせるには、どんな話し方がいいでしょうか。男女の会話で考えてみましょう。

ダメな話し方

「お前は、自分のことしか考えてないよね。もう少し、周囲の人たちに目くばり、気くばりして、思いやりというものを持たなきゃ生きていけないよ。この前のパーティのとき、お前は、自分のことばっかりしゃべって、他の人が話しだしたらスマホをイジってたでしょ。あれはマズいよね」

「**そんなことしてないよ**」

「いや、してたよ。しっかりと見てたんだから」

「**あなたは、そうやって、人のアラばかり探して、ダメ出しして、嫌な気分にさせる天才だね**」

「いま、お前のことを言ってるんだよ。すり替えるなよ」
「すり替えてないよ。人にダメ出しする前に、自分のダメなところを直しなさいって言ってるの」

NGな理由

教えてやるという気持ちが強い人ほど、相手が応じてくれないと論破してやろうという気持ちになりやすいものです。

そうなると、言われる側も反発したくなるので、言い合いになり、議論がどんどん白熱してきます。

たとえ論破できたとしても、相手の中には遺恨が残ります。

いくら人を説き伏せようとしても、相手は心から話を聞いていないし、そもそも気分を害するものです。

気づきを与える話し方

「お前は、自分のことしか考えてないよね。もう少し、周囲の人たちに目くばり、気くばりして、思いやりというものを持たなきゃ生きていけないよ。

この前のパーティのとき、お前は、自分のことばっかりしゃべって、他の人が話しだしたらスマホをイジってたでしょ。あれはマズいよね」

「私の顔をよく見て？」

「どうしたの？」

「いいから、私の顔をよく見て。そうすれば、リラックスできて、いまがどんな時間か思い出すから」

「え？　どんな時間なの？」

「冷めちゃったけど、コーヒーをひとくち飲んでみて。そうすれば、リラックスできて、いまが楽しいデートの時間だと思い出すから」

ポイント

これは「言語的リンキング」という会話テクニックで、ある体験や行動と別の体験や行動を結び付けるように言葉が使われる場合のことをいいます。

「私の顔を見る」という行動と、「リラックスする」という行動、「いまがどんな時間かを思い出す」という行動がリンクしているわけです。

どんな行動を結び付けて誘導すればいいか工夫してみてください。説教好きな人は、自分が正しいと信じていますから、それを崩すのはちょっとやっかいかもしれませんが、言葉を変えて、何度もチャレンジしてみてください。

こうした言葉を使うことで、相手はいまが楽しいデートの時間だということを思いだし、「ああ、説教なんかで台無しにしたくない」と気づくようになります。誰だって、楽しい時間を過ごしたほうがいいですから。

13

素直に自分の気持ちを伝えようとしない人

——「してほしい」ことでも強制されていると感じさせてはいけない

☆会話テクニック「抵抗のアンカリング」

相手との関係に不満はないとしても、どうしても譲れないことが必ず出てきます。当然やってくれると思っていたのに、予想に反してやってくれないと不満が出てきたりするのです。

たとえば、恋人同士ですと、最初は一緒にいるだけで満足だと思っていたのに、親しくなってきて、いちいち「愛してる」と言わなくなると不安になってきます。相手は「愛してる」のは当然だから、いちいち言わなくてもいいだろうと思っているのかもしれません。

職場でも、慣れてくるとルールを平気で破る人が出てきます。あいさつもしなくなったり、報告書を提出しなくなったりします。それでは周りが嫌な思いをするでしょうが、問題はそうしている自分の気持ちを伝えようとしないことなのです。

そのことに気づかせるには、どんな話し方がいいでしょうか。

ダメな話し方

「愛してるって言ってよ」

「そんなことは軽々しく口にするもんじゃないよ」

「でも、欧米じゃ、あいさつ代わりに言うでしょ」

「オレは日本人だよ」

「言ってくれたっていいじゃない。言ってくれなきゃ、別れるから」

「また、極端だなぁ」

NGな理由

「愛してる」と言ってほしいとしても、愛は強制されるものではありませんから相手は抵抗するでしょう。もしかすると相手は、それを負担に感じているのかもしれませんし、もしかすると心から愛していないのかもしれません。

愛する気持ちはあるけれど、それを口に出すことに抵抗する壁が本人の中にあるとしたら、そのことに気づくことが必要なのです。

気づきを与える話し方

「愛してるって言うのは、ちょっと言いづらい？」

「そうだね。言いなれていないからね」

「じゃあ、好きだよっていう言葉だったら、どう？」

「小さいころから、そういう言葉を使ったこともないし、聞いたこともないから、どうしても抵抗があるんだよね」

「そうか、じゃあ、言わなくていいよ。でも、私の半径50センチ以内に近づくときは言ってくれる？」

「え？　どういうこと？」

「いまいる、そこなら大丈夫。愛してるって言わなくていい。この50センチより外だったら、愛してるも、好きだよも、何も言わなくていいよ」

「手を握るときは？」

「どうしようかなぁ。愛してるって、言える？」

「努力するよ」

ポイント

これは「抵抗のアンカリング」という会話テクニックです。相手の抵抗を否定したり拒否したりせず、場所や時間や対象物を限定させることで気づきを与える会話テクニックです。

ある範囲内では自由にできることを相手は学びますが、その範囲外のことが気になりはじめます。そして、少しずつ自分で壁をつくっていることに気づきはじめるのです。

エリクソンはこんなことを言っています。

「治療中に、患者はありとあらゆる種類の抵抗を示そうとします。そういうときは、患者に、特定の場所で抵抗するように頼めばいいでしょう」

この事例では、「半径50センチより外だったら言わなくていい」と場所を限定しています。そのことで、原因が自分自身の中にあることに気づくようになります。

おそらく「半径50センチより外だったら言わなくていい」と言い続けていれば、1カ月もしないうちに「愛してるよ」と言ってくれるはずです。

コラム　心を強くするマインドフルネスのすすめ

悩みのうちの9割が人間関係だといわれています。お金で悩んでいたとしても人間関係が良好だったら、何とかなるものです。周囲から応援されて、仕事もお金も流れてきます。だから、結局は、すべての悩みは人間関係なのかもしれません。

人間関係をよくする方法を扱った本はたくさん出版されています。そこでは、いろんな対処法が紹介されています。

「相手を変えようとしないで、自分から先に変わること」
「相手をコントロールしようとしないこと」
「イライラして怒らないこと」
「不満や愚痴は言わないこと」

「自分中心で考えないこと」

「陰口は言わないこと」

などです。しかし、

「そんなこと言われなくてもわかってるよ！」

「わかってるけど、できないから困ってるんじゃないか！」

と思ってしまいます。あるいは、

「相手の幸せを祈りなさい」「相手を愛しなさい」そうすれば人間関係がうまくいきますと言われても、それがなかなかできないので困ってしまうのです。どれも頭ではわかるけれど、自分の気持ちをコントロールできなくて、意志力とか自制心が弱いから、うまくいかないのです。


今、意志力や自制心を強くする方法として、マインドフルネスが注目されています。GoogleやFacebookなどが社員研修に取り入れたことで、世界中で大流行しています。これは言葉どおりに解釈すると、「心が満ちた状態」のことです。

マインドフルネスを世に広めたマサチューセッツ大学医学大学院のジョン・カバット・ジン博士は、マインドフルネスをこう定義しています。「いま、ここでの経験に、評価や判断を加えることなく、能動的に注意を向けること」
具体的に何をやるかというと、瞑想です。瞑想というと、仏教やヒンズー教などと切っても切れない関係にありますが、ジン博士は、瞑想を科学的に研究して、宗教とは違う医療としての瞑想に光を当てました。瞑想によって、ストレスが低減すること、免疫力が高まること、集中力が増して仕事の効率がアップすることなどが科学的に証明されています。

瞑想の基本は、呼吸に意識を集中させることとです。目を閉じて、呼吸に意識を向けます。邪念が浮かんできたら、何の判断もせずに、そっと手放して、また、呼吸に意識を戻します。

「邪念を手放して意識を呼吸に戻す」にはトレーニングが必要です。毎日、ジムへ行って筋肉トレーニングをするように、瞑想も毎日トレーニングすることで、邪念を手放して呼吸に意識を集中させることができるようになります。

これができるようになったら、日常生活でも「意識を呼吸に戻す」ことができるようになります。それによって、意識力や自制心が強化されていくのです。

ダイエットをしている人なら、あれも食べたい、これも食べたいという邪念が浮かんできても、「いや、いまは、ダイエット中」と意識を切り替えられるようになります。

会社の上司に対する不満や愚痴が出そうになっても、「いや、いまは、誰かの幸せを祈ろう」と意識を切り替えられるようになります。

恋人のことでイライラしてきたら、「いや、いまは、あの人を愛してみよう」と意識を切り替えられるようになります。

14

口ばっかりで行動しない人

――期待心から説教にならないようにする

☆会話テクニック「パラレル・コミュニケーション」

口ばっかりで行動しない人がいます。他人だったらほうっておけるのですが、職場の仲間や家族や恋人や友達のような関係にある場合はそうはいきません。

「トイレのフタは必ず閉めて」と言うと、「わかったよ」と返事するのに次回もまたフタは開けたままだったり、以前は仕事の夢を語ってキラキラ輝いていたのに、夢に向かってちっとも行動していないし、「どうしたの？」と問いかけても返事もしない。

そんなとき、行動していないことに気づかせるにはどんな話し方がいいでしょうか。

ダメな話し方

――「起業するって言ってたけど、最近、何も準備してないじゃない」

「この前、セミナーへ行ったよ」

「何カ月前の話よ」

「頭のなかでビジネスモデルをいろいろ考えてるんだよ」

「応援しようと思ってたのに、あなたが、そんなんじゃ、何もできないじゃない。口ばっかりで何もしない人のことを誰が応援するの？　そこんところをちゃんと考えなきゃダメよ」

「何をどうすればいいか、わからないんだよ」

「起業なんかやめて、会社の仕事、しっかりやったらどうなの？」

NGな理由

口ばっかりで行動しないことをストレートに指摘したくなるでしょう。しかも、この場合のように、以前のようにキラキラと輝いてほしいという期待感があると、ついつい説教みたいになってしまいます。ほんとうは本人もわかっていますから、あえて言われると反発したくなり、喧嘩に発展することもあるでしょう。

「おもしろいジョークがあるんだけど、聞きたい？」

「何？」

「大金持ちになりたいという夢を持った三人の男がいたのね。A君はマーケティングを勉強して起業しようとしたの。B君は自分の好きなことだけをしようと思い、好きなことを見つけることにしたの。C君はやることなすこと失敗ばかりしていたの。さて、お金持ちになったのは誰でしょう？」

「それは、A君でしょ」

「A君は、勉強ばかりして、結局、会社を設立さえできなかったの」

「じゃ、B君かな？」

「B君は、自分の好きなことがなかなか見つからずに、一生を終えるの」

「失敗ばかりのC君？」

「そうよ。C君は、思いついたことや、人からアドバイスしてもらったことを、片っ端から実行したから、失敗ばっかりだったの。でも、失敗のなかから大きな成功が生まれてきたの」

ポイント

エリクソンは「パラレル（平行）・コミュニケーション」という会話テクニックを好んで使いました。「口ばっかりで行動しないことが人生をダメにしている」という真実を相手に伝えると相手は反発します。ですから、人を癒す人は、あからさまな真実をストレートに言ってはいけないのです。

イメージや寓話、絵図などを使って間接的な言葉を提供すると、相手は受け入れてくれる可能性が高くなります。そうした話し方を「パラレル・コミュニケーション」といいます。

なかでも、ジョークはユーモラスに伝えることができますし、相手の記憶に残ります。ときどき思い出しながら、このジョークのなかに盛り込まれたパラレル・メッセージを知らぬ間に受け入れて生き方を変えていくのです。

この場合には、「失敗してもいいから行動することだ」というパラレル・メッセージが潜んでいます。

15

「ありがとう」を言わない人
――外から口うるさく説教されると反発したくなる
☆会話テクニック「メタファーを使う」

家族や同じ職場など、一緒にいるのが当たり前のようになると、「ありがとう」と言わなくなりやすいものです。ありがたく思っていることは当然わかっているはずだから、いちいち言わなくてもいいだろうと思い込んでいるのでしょう。

普段はいいとしても、何かしたときは、せめて「ありがとう」と言ってほしいものです。たとえば、料理を作ってあげても、洗濯をしてあげても、全部当たり前だと思っていると、感謝の言葉は出てきません。そんな状態が続いているうちに、顔を見るのもいやになるかもしれません。

そんな気持ちでいることを相手に気づかせるには、どんな話し方がいいでしょうか。

たとえば、夫婦でこんな会話をしたら、どうなるでしょうか。

ダメな話し方

「少しは感謝してくれてもいいと思うんだけど」

「何を？」

「私が家事をやってるってこと」

「オレが家賃を支払ってるんだから、家事をお前がやるのは当然のことだろ」

「何、その言い方。ムカツクんだけど」

NGな理由

感謝の言葉さえあれば納得するのに、それさえないとなると、誰でも怒りたくなります。もしかすると、別れたくなるかもしれません。

すでに別れることを決めているのなら、感情をそのままぶつけてしまってスッキリすればいいかもしれませんが、そうでないのなら感情をぶつけてしまうのは得策ではありません。

相手に感謝の言葉を言っていないことに気づいてほしいのであれば、アプローチを変えたほうがいいでしょう。

気づきを与える話し方

「すべてに感謝すると幸せがやってくるんだって。知ってた？」

「すべてにって、どういうこと？」

「それこそ、すべてに感謝するの。地球上に空気や水があることに感謝するの。今日、おいしいごちそうにありつけることに感謝するの。綺麗に洗濯された服がいつも着られることに感謝するの」

「どういうこと？」

「ここに二人の少年がいたとする。その二人にあなたは、お小遣いをあげました。A君は、ありがとうと感謝し、お礼に歌を歌ってくれました。B君は、『何だよ、これポッチしかくれないのかよ。ケチ』と憎まれ口をたたきます。さて、あなたは、もう一度お小遣いをあげるとしたら、どちらの少年にあげる？」

「そりゃ、A君でしょ」

「感謝する者が豊かになり、感謝しない者は貧乏になっていくよね」

ポイント

「パラレル・コミュニケーション」としてエリクソンがよく使ったのは「メタファー」です。メタファーというのは、比喩の一種なのですが、比喩であることを明示しません。「暗喩」とか「隠喩」といわれるものです。

今回のような、二人の少年が登場する「たとえ話」もメタファーといえます。

こうしたメタファーを使って話すと、ストレートに話すよりも受け入れてもらえる確率が高くなります。もちろん、このようなたとえ話をしたからといって、すぐに「今日から、すべてに感謝します」と決意してくれることはないでしょう。しかし、少しずつ変化していくはずです。

外から口うるさく説教されると反発したくなりますが、的を得た「たとえ話」は相手の無意識の世界に響きます。それがふとしたときに内面から湧き上がってきて、この場合ですと、「ああ、感謝を忘れていたな」と気づくのです。

16

自分が信頼関係を壊していることに気づかない人

――相手のなかに変化の種を植える

☆会話テクニック「アナロジーを使う」

夫婦の関係に危機をもたらす理由の一つが浮気です。それは夫婦の信頼関係を壊す影響力を持っているからです。

夫婦に限らず、せっかく信頼関係を築いてきたのに、それを壊すようなことをしていることに相手が気づいてくれないこともあるでしょう。

そんなとき、どんな話し方をすれば気づかせることができるのか、ここでは夫婦のことで考えてみます。

相手が浮気をしているとわかったとき、あなたはどうしますか。気持ちの整理をつけないまま、ただ感情をぶつけてしまうかもしれません。それでは逆効果です。

ダメな話し方

「ケータイのなかの女性のアドレス、全部消したから」

「え？　オレのケータイ見たの？」

「暗証番号知ってるし、あなたが浮気してるの、知ってるんだから」

「勘弁してくれよ」

「今日から、毎日、夜はどこに行ってるのか、ちゃんと報告しなさいね。1時間ごとにメールするように。しないと別れるから」

「束縛、キツすぎない？」

「当然でしょ」

NGな理由

浮気をしたのは相手ですから、100％相手が悪いわけです。だからといって、束縛を厳しくすると相手は離れてしまいます。相手が浮気したんだから、自分も浮気しようとするのもNGです。「死ぬ」と大騒ぎするのも、別れに向かってまっしぐらです。

逆に、見て見ぬフリをするのもいけません。相手は、許されると思い、ますます浮気に拍車がかかります。ゆくゆくは、あなたよりも愛する人が現われるかもしれません。

じつは、浮気に限らず大きな衝突は、二人の関係が新たなステージへ進むチャンスになるかもしれません。そうなるかどうかを決めるのは、気づきと学びがあるかどうかです。

そのことを相手に気づかせる話し方を考えてみましょう。

気づきを与える話し方

「私は、あなたが浮気をしているのを知ってるのよ」

「え？」

「これは、二人の関係の終わりを意味するのかしら？　それとも、新しい関係の始まりかしら？」

「どうだろう？」

「終わりなら、終わりでいいし、もしも新しい関係の始まりを意味するのなら、あな

たは、その新しい関係のなかで何が欲しいの？」

「考えられないよ」

「たとえば、新しい家に引っ越しをするのはどうかしら。引っ越しをするんだから、古い家の台所や寝室の話をするのはやめましょう。新しい家に引っ越すのよ。新しい家では、どんな眺めがあったらいいと思う？　街もまったく違うところになるし、家具も違ってくる。あなたは、新しい家に、何が欲しい？」

「そうだなぁ」

ポイント

感情的にならず、穏やかに話すことです。こちらが感情的になると、相手も感情的になってきますから。

ポイントは「アナロジー」を使うということです。アナロジーとは「類推」「類比」「比論」と訳されます。メタファーと似た概念です。

アナロジーとメタファーの違いをわかりやすく説明すると、「似たものを見つける」

のがアナロジーで、「何かに見立てる（あるいは、たとえる）」のがメタファーです。

アナロジーもメタファーも微妙な違いですが、とにかく現実とは違う話を持ってきて、パラレル・コミュニケーションするわけです。

この場合は、「終わりにするか、新しい始まりにするか」という選択を、「古い家のままにするか、新しい家に引っ越しをするか」という選択に置き変えているわけです。そして、「新しい家に何を求めるか？」という質問をすることで、新しい始まりのほうへと気づきを与えようとしています。

相手がすぐに浮気をやめて、自分のもとに戻ってくるかどうかはわかりませんが、少なくとも相手の心のなかに変化の種を植えることはできます。

「新しい家に、何が欲しい？」という質問は、結婚を連想させますし、相手のなかに前向きな考えを湧き上がらせることができるでしょう。

17

いつも否定的なことしか言わない人

――自己評価を高める言葉をくり返す

☆会話テクニック「いい暗示をかける」

何を言っても否定的な言葉を返してくる人がいます。それで、こちらが傷いていることにも気づいていません。否定的な言葉が多くなると、自己評価が下がることにも気づいていません。

たとえば、「この料理、おいしいよね」とあなたが言うと、「でも、ちょっと塩が効きすぎてない?」とか「でも、盛り付けがちょっとね」など、いちいち否定します。「でも……」が口癖になっていることもあります。

誉められたら、きっと嬉しいはずなのですが、「いえいえ、私なんか」と否定します。否定されると、こちらとしても、それ以上、誉める気がしなくなります。そうやって、誰からも誉められなくなっていくのです。

その一方で、他人のことはよく批判します。「あの人は……」「この人は……」と身近な人から、テレビに出てくる有名人までケナします。相手を誉めることはほとんどありません。

そんな相手に気づきを与えるには、どんな話し方がいいでしょうか。

ダメな話し方

「あなた、恋愛映画が好きって言ったじゃない。だから、この映画のチケット買ったのに」

「君が恋愛映画が好きだって言うから、付いて行こうかと言ったけど……」

「何それ？」

「恋愛映画なんて本当はつまらないよ」

「もう、観てもいないのに、頭から決めつけるなんて……」

「そんなつもりはないけど」

「あなたは、いつもそうして否定的なことしか言わないんだから」

NGな理由

自己評価が下がってくると、ついつい相手の言うことに否定的なことしか言わなくなります。そんな人と付き合っているとイライラしてきます。腹が立って、怒りをぶつけたくなるかもしれません。そうして人間関係がダメになっていきます。

このケースでは映画まで否定しています。自己評価の低い人は、そうやって何もかも否定してしまうのです。

気づきを与える話し方

「ホントに、いい人ね」

「どこが、いい人なの？」

「存在が、雰囲気が、すべてが、どうして、そんなにいい人なの？」

「そんなことないよ」

「どうして、そんなにいい人なの？」

「え？　どうしてだろう？」

「いつから、そんなにいい人になったの？」

「え？　いつからだろう？」

「私、あなたのようないい人、大好きよ！」

ポイント

自己評価の低い人は、誰からも責められないように、いい人でいようとしている傾向があります。攻撃されたり、責められたりするのが極端に嫌なのです。そうしたことに、過敏に反応します。

ですから、「いい人ね」という誉め言葉は相手をホッとさせます。そして、少しだけ自己評価が高くなります。

自己評価の低い人は、小さいころから親や兄弟や先生たちから、くり返し否定された経験があったりします。

「おまえは、何をやってもダメだ」とか、「何の価値もない奴だな」とか、「○○さんに比べて、あなたはどうなの？」と、他人と比べられたり、否定されたりした体験を持っています。

くり返し同じ言葉を投げかけられると、人間は暗示にかかってしまいます。

「お前はダメだ」

「価値のない奴だ」

とくり返し言われると、そう思い込んでしまうのです。ですから、逆にいい暗示をかけてあげればいいのです。

「あなたって、いい人ね」と、くり返し言ってあげましょう。何度も、何度も言っていると、いつのまにか、相手は「あれ、もしかすると、オレって、いい人なのかも」と思い込みはじめます。

ポイントは、相手が多少、そう思っている言葉をくり返すことです。もしかすると、「いい人ね」じゃなくて、「チャレンジャーだね」「器が大きいね」「心が広いね」「根性があるね」「爽やかだね」「芯が強いね」「誠実だよね」といった言葉のほうが心に刺さるかもしれません。

それは、普段の様子を注意深く観察しているとわかります。そのなかから、相手の心に刺さる言葉を見つけましょう。そして、その言葉をくり返して使うことで、相手に気づきを与えるチャンスが増えます。

18

「これくらいはいいだろう」と思っている人

——相手を前向きな気持ちにさせるように質問する

☆会話テクニック「前提の質問」

相手の嫌なところはよく見えるのに、自分が相手から嫌がられているところには気づかない人がいます。

たとえば一緒に生活をはじめた男女ならば、部屋に入ってくると、すぐに靴下を脱いで、その脱いだ靴下を、食卓にぽんっと置くとか、ベランダに裸足で出てそのまま部屋に上がってくるとか、鼻くそをほじくるとか、思いっきりオナラをするとか……。数え上げたらキリがないでしょう。

「そんなことくらい、かまわないわ」と寛容になれるのならいいのですが、なかなかそうはならない人も多いでしょう。

本人は「これくらいいいだろう」と思っているのかもしれません。ところが、相手は嫌でたまらなかったりします。

そんな些細なことが人間関係には大きなマイナスになり、別れる理由になることだってあります。

そのことを相手に気づかせるには、どんな話し方がいいでしょうか。夫婦の会話で見てみましょう。

ダメな話し方

「何度も言ってるでしょ。靴下は脱いだら、すぐに洗濯機に入れてちょうだい。どうして、そんな簡単なことができないの？」

「別に、いいじゃないか。あとで持っていくよ」

「あとになったら、また忘れるんでしょ」

「そんなことないよ」

「どうして、あなたはいつも、そうなの？」

「どうしてでしょうねぇ？」

NGな理由

相手の嫌なところは、何度もくり返して言うしかないと思って注意しても、言われた側は素直に受け入れられず、言い訳したり、無視したりします。それで、ついつい大きな声を出したり、喧嘩したりするのです。

嫌なことは率直に言ったほうがいい、たとえ衝突したり、喧嘩したりしても、そうして人は仲良くなっていくと考えている人もいます。しかし、言いたいことを言い合って衝突したり喧嘩したりして、本当にいい関係を築いていくことはできるでしょうか。

人間関係が壊れることのほうが多いと思います。

気づきを与える話し方

「靴下は、脱いだらすぐに洗濯機に入れてほしいんだけど、できるかな？」

「もちろん、できるよ」

「この前もできてなかったけど、今度は、きっとできるよね」

「大丈夫」

「靴下を脱いですぐに洗濯機に入れたら、どんなご褒美がもらえるか、知ってる?」

「知らない」

「ステキなご褒美がもらえるよ。どんなご褒美でしょうか?」

ポイント

人間は質問されるとつい考えてしまいます。質問は深く心の底に刻み込まれます。それほど、質問には威力があるのです。

問題は、どんな質問をするか、です。「どうして、そんな簡単なことができないの?」「どうして、あなたはいつも、そうなの?」と質問を投げかけると、おそらく、こんな答えが返ってくるでしょう。「どうせ、オレは何もできない人間だよ」。これでは、ますます靴下を洗濯機に入れようとしないでしょう。

しかし、「靴下を脱いですぐに洗濯機に入れたら、どんなご褒美がもらえるか、知ってる?」と質問されたら、どうでしょう。「どんなご褒美がもらえるんだろうか?」とワクワクしはじめます。

もちろん、こんな質問を1回や2回したくらいで、すぐに相手が気づいてくれるとはかぎりません。しかし何度もくり返して、こうした質問を投げかけていると、本人が気づいて、ちゃんと靴下を洗濯機に入れるようになります。

これは、エリクソンがよく使う「前提の質問」です。前提の質問は、前にも述べましたが、こうした悪い癖を直させるときにも有効です。

「なぜ人は、ベランダに出るときにサンダルを履くのでしょうね？」

「なぜ、オナラをトイレまで我慢する人が尊敬されると思いますか？」

「なぜ、成功者の多くが鼻くそをリビングではなく洗面台で処理するのでしょうか？」

このような質問は、最初、ちょっと違和感があるかもしれません。しかし、慣れてくると何度も言えるようになります。言っているうちに、相手がだんだん変わってきますから、注意深く観察してみてください。

朝顔の観察日記みたいに、日毎に成長する相手を観察するのは、楽しいものですよ。

19

口を開けば自分のことばかりしゃべっている人

——いくつかの選択肢を提案する

☆会話テクニック「ダブル・バインド」

いつも自分のことばっかりしゃべって、相手の話をちっとも聞かない人がいます。自分の話が終わり、こちらが話しだすと、あからさまに眠たい目になったり、つまらなさそうに生返事するようになったりするのです。

たまに会う人間だったら、まだそれでも我慢できるでしょうけれど、いつも一緒にいる人間関係の場合はそうはいきません。何とかそのことに気づいてほしい、そしてこちらの話にも耳を傾けてほしいと思うでしょう。

たとえば男女関係なら、付き合い出した当初は熱心に自分の話を聞いてくれたのに、しばらく付き合っていると、自分のことばかり話して、ちっとも聞いてくれなくなるといったことが起こります。こんな人と結婚してずっと一緒に暮らせるだろうかと

「?」が点灯するかもしれません。

こんな相手に気づかせるには、どんな話し方がいいでしょうか。

ダメな話し方

「あなたって、自己チューだよね」

「そんなことないよ」

「自分のことしか考えてないでしょ」

「何言ってるの?」

「だって、自分のことばっかりしゃべって、私の話はちっとも聞いてくれないじゃないの」

「聞いてるよ」

「気のない生返事しかしないでしょ。そんなの会話じゃない」

「そんなことないよ」

「もう、あなたとは、おしゃべりしたくないんですけど」

NGな理由

相手の本質を見抜いたつもりで「あなたって自己チューだよね」と言ったのかもしれません。たしかに、自分のことばかりしゃべって、人の話を聞こうとしない人はまぎれもなく「自己チュー」です。

しかし、たとえ、相手の本質をズバリ言い当てたとしても、その人の態度はきっと変わらないでしょう。相変わらず、自分のことばかりしゃべるでしょうし、あなたの話はちっとも聞いてくれないでしょう。

最初のころは、ちゃんと話を聞いてくれていたのかもしれません。何とかして関係を続けていきたいと思っていたからでしょうが、一定の関係が続くようになると、その必要を感じなくなるからです。

このままではいけないと相手に気づかせるには、あなたのほうに目を向けさせようとするのではなく、二人で一緒に取り組めることを話題にすることです。

気づきを与える話し方

「あなた、料理の勉強してみたいって言ってなかったっけ？」

「言ってた」

「レシピをネットで調べて料理してみない？　上手になったら、友だちを呼んでホームパーティしようよ」

「いいね」

「まずは、今年の夏までにやろう？　フランス料理にする？　それとも中華にする？　どっちを作りたい？」

「どっちがいいかなぁ。中華のほうが簡単そうだね」

「料理がうまくなったら、あなた、人気者になるかもよ。もちろん、料理ができなくても、すでにあなたは人気者だけどね」

ポイント

「まずは、今年の夏までにやろう？　フランス料理にする？　それとも中華料理にする？　どっちを作りたい？」という提案は、すでに料理をすることが前提になっています。この質問は強烈に相手の心をとらえます。さらに、「今年の夏までに」という予定もついています。

そのあとの「料理がうまくなったら、あなたは人気者になるかもよ。もちろん、料理ができなくても、すでにあなたは人気者だけどね」というセリフは、「料理を作れるようになろうがなるまいが、あなたは人気者ですよ」という意味が隠れています。

こうした会話テクニックをエリクソンは「ダブル・バインド」と呼んでいました。「ダブル・バインド」とは「こうすれば直るでしょう。こうしなくても、やはり直るでしょう」という種類のコミュニケーションをいいます。

バインドとは、「束縛する」とか「拘束する」という意味ですが、「結びつける」「関連づける」という意味もあります。ここでは、「料理をする」ことと「人気者になる」ということを結び付けたわけです。

こんなふうに二人で取り組むことを提案すると、二人の会話もスムーズになります。

20 いつも上から目線で話す人

――相手の心理を言い当てても何の解決にもならない

☆会話テクニック「リフレーミング」

上から目線で話されると、誰でもムカつくものです。人を見下したように「どうせ、お前は、こんなこともできないんだろ？」と決めつけているように感じるからです。

恋人同士でも、以前はとても優しかったのに、長く付き合っていると、いつからか上から目線で相手に話すようになることがあります。職場にも、上目線の人がいっぱいいます。そんな人の特徴として、こちらは求めていないのに、やたらとアドバイスをしようとします。

「お前のために言ってるんだぞ。そういうときは、お前が先に謝るのが普通だろ。常識も知らないんだなぁ」そんな言い方をします。「だからダメなんだよ」とダメ出しをするときもありますし、「キミには、まだ早かったかなぁ」とバカにしたりするのです。

上から目線な人の心理は、自信家のように見えて、実は小心者です。自分に自信がなく、常に人よりも上の立場でいたいと考えています。プライドが高く、人に見下されないように、いつも偉そうな口をきくのです。無意識にそうしているケースもあるでしょう。

そんな上から目線で対された側がどんなに気分を害しているか、相手に気づいてもらうには、どんな話し方がいいでしょうか。

ダメな話し方

「そろそろ、気づいてくれないかなぁ」

「何を気づけっていうの？」

「あなたは、ほんとうは小心者で、臆病で、ビクビクしているのよ。だから、いつも、上目線で私をバカにしたような口をきくの」

「そんなことないよ」

「バカにされたくないから虚勢を張っているんでしょうけど、虚勢を張れば張るほど、バカにされるんだってことを、早く気づきなさいよ」

「喧嘩売ってるのか？」

「自分の心理をズバリ言い当てられたんで、悔しいんでしょ」

「お前のそういうところが、まだまだだって言うんだよ」

NGな理由

こんな会話をしていたら、いつまでたっても仲のいい人間関係は築けません。いずれは大喧嘩をして別れてしまうでしょう。どんなケースでも同じですが、いくら相手の心理を言い当てても何の解決にもなりません。

インターネット上では心理学の情報が氾濫していますし、その手の本も数多く出版されています。そんな知識を使って、人の心理を見抜く人が多くなったようです。

しかし、いくら相手の心理を言い当てたとしても、それで相手が納得して受け入れるとはかぎらないのです。かえって、「あなたに自分の心理を云々されるのは気分が悪い」と、もっと関係を悪くしてしまうかもしれません。

「人から見下されたり、バカにされたりしたら、どんな気持ちになる？」

「それは、嫌だよ。絶対に……」

「人の上に立ちたいと思う？」

「誰だって、みんな、人の上に立つために頑張って努力してるんじゃないのか？」

「人の下に立とうと努力している人もいるわよ。みのるほど、こうべを垂れる稲穂かな、ということわざもあるでしょ。

　商売人は、誰よりも深く頭を下げるでしょ。頭を下げる角度が深ければ深いほど、お金持ちになるのよ。お金は水と同じで、高いところから低いところへ流れていくでしょ。偉そうに虚勢を張ってる商売人のところには、誰も注文しないしね。どんなにお金持ちになっても、本当の商売人は、深く深く頭を下げるものよ」

「そんなことないでしょ」

「あなたが、もしも、お金を支払うとしたら、どちらの商売人に支払いたい？　偉そうに虚勢を張ってる商売人？　それとも、深く頭を下げる商売人？」

――「そりゃあ、頭を下げてくれる商売人だよな」

ポイント

これは商売人のメタファーを使って、「人の下に立つ」あるいは「頭を下げる」ということの意味を伝えています。このように、ある事実に新しい意味を結び付ける会話テクニックを「リフレーミング」と言います。

エリクソンはソバカスだらけの顔で悩んでいた8歳の少女にこのリフレーミングで勇気づけたことがあります。少女は学校の子どもたちにソバカスのことでイジメられていました。そんな少女の唯一好きなものがシナモンでした。

エリクソンは母親からそのことを聞いていて、少女とシナモンの話題で盛り上がり、シナモンにまつわるジョークを作り一緒に笑います。そして、エリクソンは、少女のニックネームに「シナモンフェイス」と名付けました。

少女は、このニックネームを誇らしく思うようになり、ソバカスに対する態度も大きく変わっていました。ソバカスの意味を変化させ「リフレーミング」したわけです。

この会話テクニックは、相手の人生を大きく変えてしまうほどの力があります。

21

態度が横柄で虚勢を張る人

——曖昧な言葉で相手を混乱させ反応を見る

☆会話テクニック「混乱させる」

ファミレスや居酒屋などで、横柄な態度をとるお客がいます。口を開かず手で空いた皿を「下げろ!」と指示したり、注文するときもメニューに指を当てて「コレ!」としか言わなかったり。

ちょっと料理が遅かっただけで、わざわざ厨房まで行って「店長を呼べ!」と怒鳴る人もいたりします。

飲食店のスタッフは決して怒らないし、何を言っても反撃してこないと思っているのでしょうか。それで虚勢を張っているのかもしれません。

そんな人と一緒に外食すると嫌な思いをします。イラっとすることもあるでしょう。飲食店のスタッフにも思いやりを持って接してほしいものです。そのことを相手に気づかせるには、どんな話し方がいいでしょうか。

ダメな話し方

「店員さんに、そんな態度をとるのって、みっともないわよ。恥ずかしいと思わないの？」

「別に」

「店員さんの身になって考えてみてよ。お客にあんな態度されたら、ムカックでしょ」

「飲食店の店員になんか、絶対にならないもん」

「想像力の欠如ね。相手の身になって考えるってことができないの？」

「なったことないもの、わからないでしょ」

NGな理由

飲食店の店員だけでなく、すべての人に対して、相手の身になって考え、思いやりと気くばりをもって接することができる人になってくれたらいいですよね。

しかし、横柄な態度をとるのが習慣のようになっていると、いくらキツく言っても変わらないかもしれません。それが周囲をいかに不愉快にさせているか、気づいていないのです。

だから、教えてあげようとしますが、本人が気づかなければ、決して態度を改めたりはしないでしょう。

気づきを与える話し方

「隣の席の人を見てみて？　怪訝そうな顔でさっきまでこちらを見ていたよ。何か、怒ってるような気がするけど、笑っているようにも見える。私たちの何が気になるのか、私にはさっぱりわからないわ。あなた、わかる？」

「どこの席？」

「あそこよ」

「なるほど、あの人たちか……」

「さっき、厨房に警察官のような制服の人がいたけど、何か事件でもあったのかしら。まさか、あなたが逮捕されるようなことはないよね？」

「事件なんか、ないでしょ」

「私の思い過ごしならいいんだけど、人間、怒ると何をしでかすか、わからないからね。私たちにも危険が迫っているかも。隣の席の人は、何かでイライラしているのかもしれないし、お店の裏では店員さんたちが喧嘩しているのかもしれないし、誰かが怒ってるのかもしれない。誰が人を怒らせたんだろう？　人を怒らせないように気をつけなきゃね」

「いったい、何が言いたいの？」

ポイント

こんな会話で、相手が横柄な態度を改めるとは思えないですよね。たしかに、そうです。うまくいくかもしれないし、いかないかもしれません。ただ、ストレートに言い過ぎるよりは、まだマシなのではないでしょうか。

これは、「混乱させる」会話テクニックです。とにかく相手を混乱させるのです。相手の意識や理性的な思考を崩して、催眠誘導を促進させるためにエリクソンが開発した会話テクニックです。

エリクソンは、よく曖昧な言葉を使ってコミュニケーションをとっていました。その意味がいろいろと解釈できるようにして、あとは、相手がどう考えるか放っておくのです。そして、相手がどのような反応を示すかを観察して、次の治療に役立てていきました。

相手は、その曖昧さに耐えきれず、混沌から何らかの秩序を生み出そうとします。そのとき、相手は、自分の頭で考えるようになり、いろいろな気づきを得るのです。

この場合は、隣の席の人が、こちらを見ていること、怒っているかもしれないこと、厨房に警官がいること、店員たちが喧嘩をしているかもしれないことなど、何ひとつとして確かなものはありません。すべて曖昧なことばかりです。しかも、もしかするとこちらにも危害が加わる危険性があることを匂わせています。

そうやって、相手を混乱させているのです。この混乱から、相手は、どんな反応を示すでしょうか。

2、3日観察してみてください。もしかすると、横柄な態度が少しだけ変わっているかもしれません。

22

母親から自立できていない人

――「自分のことは自分で決める」と暗示にかける

☆会話テクニック「指示的アプローチ」

これは、とくに女性が男性に対して感じることが多いと思います。職場の上司がマザコン男だったらどうしますか。結婚した相手がマザコン男だったら……。

最初は、男らしくて頼りがいのある人だったのが、親しくなるうちに内面にあったものがどんどん出てきて、イメージしていた相手と実像が違うということはよくあります。じつは、重度のマザコン男だったということも少なくないようです。

マザコン男の特徴は、会話のなかで母親の話題が頻繁に出てきます。なかには、母親のことを「ママ」と呼ぶ人もいるようです。優柔不断で、母親の意見を優先する傾向もあります。悩みごとの相談も、母親に連絡を取るようです。

男女関係でいえば、マザコン男にとって理想の女性像は母親です。ですから、常に母親と相手を比較します。ことあるごとに母親と比較されたのでは、たまったものではありません。マザコン男と一緒に生活するのは、並大抵の努力ではつとまらないでしょう。

といっても、付き合いはじめたころは、マザコン男だとは気づきにくいものです。しばらく付き合っているうちにわかってきます。

その段階で別れるのならいいでしょうが、何とかいい関係にしていきたいと思ったら、どうすればいいのでしょうか。そのことに気づいてもらうには、どんな話し方がいいでしょうか。

ダメな話し方

「私とお母さんとどっちが大事なの？」

「そんなこと決められないよ」

「マザコンのままだったら、私、あなたと別れますから。どっちか決めてちょうだい」

「ちょっと待って、いま、ママに相談してみるから」

「そういうところがムカついてるの！」

「いいじゃないか。母親を大事にするのは親孝行だよ。人として当たり前のことじゃないか」

「親孝行とは違います。単に母親に甘えているだけ。私はあなたの母親替わりになるつもりはありませんからね」

NGな理由

マザコン男に言いたいことをズバズバ言ってスッキリしたい気持ちはわかります。ズバッと言って相手が改善してくれるのであればいいのですが、あまり期待できないでしょう。

もしかすると、よけい悪化するかもしれません。

マザコン男は小さいころから、母親が何から何までやってくれる環境に慣れ親しんでいます。母親がまるで履き慣れたスニーカーのような存在になっているのです。だから、いままでと違うスニーカー（恋人や部下）に違和感を持つのかもしれません。

履き慣れたスニーカーのような母親の存在から自立できていないからだと気づかせるには、どんな話し方がいいでしょうか。

気づきを与える話し方

「あなたは、もう大人です。自分のことは自分で決めることができます。親から離れて自分で生活しています」

「そうだね」

「これから、あなたは母親に相談しなくても自分で問題を解決できるようになります」

「どうだろう？」

「母親と誰かを比較したりしないで、相手の良いところを見つけることができるようになるかもしれないし、そのことで、あなたは周囲の人たちから尊敬されるかもしれないよ。人からバカにされる人になりたい？　それとも、尊敬される人になりたい？」

「それは、尊敬される人になりたいよ」

ポイント

指示的なアプローチで、相手に暗示をかける話し方があります。たとえば、「あなたは、もう大人です」「自分のことは自分で決めることができます」「親から離れて自分で生活しています」と話しかけます。

「これから、あなたは、母親に相談しなくても自分で問題を解決できるようになります」

という予言的な言葉かけも暗示を与えるには有効です。

ただ、こうした指示的なアプローチに抵抗を感じる相手の場合は、「～かもしれない」という言い方をするといいでしょう。

「相手の良いところを見つけることができるようになるかもしれない」とか、「そのことで、あなたは周囲の人たちから尊敬されるかもしれない」という言い方でアプローチします。

こうした言葉をことあるごとに、くり返し言っていると、いつの間にか、自分はマザコンかもしれないと気づき、克服しようと意識するかもしれません。根気強く、くり返してみてください。

23

いつまでも過去を蒸し返している人
――複数の選択肢を提供し、感情は数値化してみる
☆会話テクニック「マルティプルチョイス（多選択肢）」

ちょっと言い争いになったとき、つい過去のことを蒸し返す人がいます。そのときの争点とはまったく違うことで相手を責めるのです。

たとえば、週末のデートのことで言い合いになっているとき、「去年、私が風邪で寝込んでたとき、私に内緒で合コンに行ってたこと、まだ許してないんだからね」と言ったりします。

職場でもそんな人がいませんか？　昔のことを蒸し返して、人を責めるのです。しかし、過去のことは変えようがありませんから、責められた人は反論できません。

過去のことを何度も蒸し返す人は、執念深くて、いつまでも根に持っています。傷つけられたという意識が、いまだに癒せていないケースもあるでしょう。相手をやり

込めることで、癒されていない悶々とした気持ちを晴らそうとするのです。

そのことに気づかせるには、どんな話し方がいいでしょうか。

ダメな話し方

「オレに内緒で合コンへ行ったこと、まだ許してないんだからな」

「それ、去年の話よ。もう終わったことでしょ。なに、蒸し返してるのよ」

「オレの心の傷は、まだ癒されてないんだよ」

「いつまでもネチネチと根に持ってるのって最低よ！　もっと爽やかにシャキッとできないの？」

「できないね」

「ネチッこい人、大嫌いよ！」

「嫌いでけっこう！」

NGな理由

自分の言い分や気持ちを相手に伝えたいと思っている相手に、そのまま言葉にして

「ネチッこい人、大嫌いよ！」と言ってしまうと、相手を完全否定したことになります。とくに男女のカップルが話し方を間違えたことで大きな喧嘩に発展し、破局することはけっこう多いようです。

過去を蒸し返してくる相手を、否定しないように気づかせるような話し方を考えたほうがいいでしょう。

気づきを与える話し方

「オレに内緒で合コンへ行ったこと、まだ許してないんだからな」

「それ、去年の話よ。もう終わったことでしょ。なに、蒸し返してるのよ」

「オレの心の傷は、まだ癒されてないんだよ」

「そうか、まだ癒されていないのね。どんな傷なのか、私も一緒に考えるから教えて」

「よくわからないよ」

「じゃあ、聞くわよ。その傷は、胸のあたりがキリキリと痛むような傷なんでしょうか？

それとも、ぽっかりと穴が空いたような傷なんでしょうか？

もしかすると、癒されていないと思い込んでいるだけの傷なんでしょうか？」

「どうだろう？」

「じゃあ、数字で考えてみて？　ゼロが正常値で、10が最大の痛みだとすると、その傷は、いま、どのくらいですか？」

「そうだな。８くらいかなぁ」

「その傷を癒すことができますけど、癒したいですか？」

「そりゃ、癒したいよ」

「では、一気に８を０にはできないけど、５か４くらいまでなら緩和できるかもしれない。やってみてもいい？」

「痛みが和らぐのならいいよ」

「では、目を閉じてください。私が３分間ハグをしますから、黙って、ジッとしていてね」

ポイント

相手の「心の傷がまだ癒えていない」ということを受けとめることが最初のポイン

トです。そのうえで、その傷を癒すことを考えます。

まず、いくつかの質問を投げかけてみます。

「その傷は、胸のあたりがキリキリと痛むような傷なんでしょうか？

それとも、ぽっかりと穴が空いたような傷なんでしょうか？

もしかすると、癒されていないと思い込んでいるだけの傷なんでしょうか？」

この言葉が**マルティプルチョイス（多選択肢）**です。

過去の感情にとらわれると、どうして何度も昔のことを蒸し返しているのか、今の自分の感情が理解できなくなります。そんなとき、複数の選択肢を提供されることで、今の自分の感情に気づき、少しだけ冷静に気持ちを整理することができるようになります。

それができたら、次は曖昧な感情を数値化します。

「ゼロが正常値で、10が最大の痛みだとすると、その傷は、いま、どのくらいですか？」

こんなふうに数値化することで、自分の心の傷が明確になるのです。

それができたら、目標を共有します。この場合の目標は、「8の痛みだったのを、5

か4くらいまで緩和する」ということです。目標が明確になると、二人で同じ目標に向かって進むことができます。

ここでは、ハグをしています。スキンシップに心を癒す効果があることは、さまざまな研究で証明されています。スキンシップによって「幸せホルモン」「抱擁ホルモン」と呼ばれているオキシトシンが分泌され、ストレスが緩和され多幸感が増すのです。

職場ではなかなかスキンシップはできませんから、一緒に栄養ドリンクを飲むとか、深呼吸をするとかでもいいでしょう。

24 ストレスを処理できず八つ当たりする人

——話題を変えるのが得策

☆会話テクニック「マジック・ワンド（魔法の枝）クエスチョン」

ほとんどのイジメは八つ当たりといっても過言ではありません。ドラえもんのジャイアンが母親に叱られた腹いせに、のび太君をイジメるのと同じ構図です。

不愉快なこと、理不尽なことなどが起こるとネガティブな感情が心のなかで渦巻きます。そのストレスをうまく処理できない人は、怒りのはけ口を求めて、何の関係もない第三者へ置き換えて八つ当たりするわけです。そうやって、イジメが発生します。

八つ当たりされる人は、その人よりも下の立場の人間です。決して反撃してこない優しくておとなしい人間をターゲットにするのです。その人のどんなに細かいことでもいいのです、攻撃する理由を見つけてイジメます。「お前の笑ってる顔が気に入らないんだよ」と、普通の顔でもイジメの理由にします。

八つ当たりされる側はたまったものではありません。何も悪いことをしていないのに攻撃されるわけですから。

そんな相手に、八つ当たりしていることを気づかせるのは簡単なことではありませんが、言い合いになるのを避けながら気づいてもらう話し方はあります。

ダメな話し方

「人のケータイ、勝手に触るな！」

「え？　ちょっと、横に移動させようとしただけじゃない。何で、そんなに怒るの？」

「ケータイというのは、プライベートなものなんだよ。手紙と一緒。だから家族でもそれを見るのは絶対にやっちゃいけないの」

「別に、中を見ようとしたわけじゃないし、それに、見られてやましいことでもあるの？

そういうことしてるの？」

「ケータイに触ろうとした、その行為自体が許せないんだ」

「何？　今日は変だよ。機嫌悪いの？」

「とにかく、ケータイには触ってほしくない」

NGな理由

いきなり怒り出す「爆弾男子」「爆弾女子」が最近増えているそうです。怒るだけでなく、不機嫌になりブスッとした顔で何も理由を言わずに睨むだけとか、暴力をふるうとか、攻撃するとか、さまざまです。

八つ当たりされている側は、その攻撃が八つ当たりなのかどうかもわかりません。このケースのように、ケータイに触ったことが原因で怒られていると勘違いしてしまいます。

実際は、怒りのはけ口の対象にされて、八つ当たりされただけだとしたら、ケータイを触ったことで論争してもはじまりません。

早い段階で、相手の怒りの本質やストレスのもとになっているものに焦点を向けて、話題を変えるほうが得策です。そして、相手の心の状態を観察し、適切な言葉で癒してあげましょう。

「人のケータイ、勝手に触るな！」

「え？　どうしたの？　いつもの優しくてステキなあなたらしくない」

「ケータイというのは、プライベートなものなんだよ。手紙と一緒。だから、家族でもそれを見るのは絶対にやっちゃいけないの」

「ちょっと落ち着いて話しましょう。椅子に座ってリラックスして」

「なんだよ～」

「とにかく、リラックスして……」

「わかったよ」

「人生は選択の連続。小さいころ、親に叱られたとき、どんなふうに思った？

この世は、思い通りにいかないことばかりだと思った？

それとも、この障害を乗り越えたらオレはもっともっと強くなれる、強くなって自由を手に入れるんだって思った？

どっち？」

「そんなこと、考えたこともないよ」

「頭のなかは自由だから、どちらの思考も選ぶことができるよ。いまなら、どちらを選ぶ？

この世は思い通りにいかないことばかりだと思う？

それとも、この障害を乗り越えて、もっと強くなり、自由になるんだと思う？」

「それは、もちろん自由になりたい」

「自由になれるよ。もしも、魔法の杖を持っているとしたら、何になりたい？　どんなものにでもなれるよ！」

「仕事なんかしないで、世界中を旅行してまわりたい」

「いいじゃない。どこへ行きたい？」

「そうだなぁ」

ポイント

相手が怒っている状態では何を言っても、相手の心に入っていきません。戦いに臨む騎士は盾でガードしながら、鉾を突き出します。それと同じで、怒りに襲われ戦闘モードになっている人は、心を盾でガードしながら、攻撃的な言葉をぶつけてきます。そんな状態のまま、こちらが何か言っても、相手の心にはうまく届きません。

まずは、相手をリラックスさせることです。落ち着いて、静かになってもらうことが必要です。つまり、盾を下ろしてもらうのです。それから、八つ当たりをしていることを気づかせます。

八つ当たりをしやすい人の内面には、不愉快な体験、理不尽な思い、悔しい気持ちなどマイナスの感情がうごめいたままになっています。そのはけ口を求めて、反撃しない優しい人に向かうわけです。

そういう人は、小さいころから、何事もマイナスにとらえる傾向があり、それが習性になっています。本人は、そうなっていることに気づかないまま、マイナスの行動や言動をくり返してしまうのです。

ポイントは、起きた出来事をマイナスに認識するのか、プラスに認識するのかの違いです。プラスに考える思考パターンを促すような言葉を考えてみてください。

たとえば「親に叱られたとき、親のことを敵だと思った？　それとも、自分を鍛えてくれる味方だと思った？」という言葉でもいいでしょう。

凝り固まった思考パターンは一朝一夕に変えることはできないかもしれませんが、根気強く取り組むことです。何度も、言葉を変え、すべての事象をプラスに考える思考パターンを持たせるようにしましょう。

もちろん、あなた自身がプラスの思考パターンを持つことも忘れてはいけません。

この「良い例」では、「親に叱られたとき、どんなふうに思った？　この世は、思い通りにいかないことばかりだと思った？　それとも、この障害を乗り越えたらオレはもっともっと強くなれる、強くなって自由を手に入れるんだって思った？」という言葉で、相手の思考パターンを聞き出そうとしています。

そのあと、こんな質問をしています。

「もしも、魔法の杖を持っているとしたら、何になりたい？」

これは「マジック・ワンド・クエスチョン」と言います。**マジック・ワンド（魔法の杖）**を使った質問ということです。

「神様が、どんな願いでも叶えてやる、と言ったら、どんな願い事をする？」

「一億円をプレゼントされたら、何に使う？」

といった質問でもかまいません。

ポイントは、この「マジック・ワンド・クエスチョン」で自分の人生の夢は何かを気づかせることです。そして、夢を共有し、その夢について語り合うことで、楽しい気分を味わうことができます。

夢が明確になると、「目標」に変わります。

その次は、「その目標を実現するために、いま、何をすればいいのか?」という質問をします。そのために、どんな行動をすればいいのか、さらに質問をくり返しながら具体的な計画を立てていきます。

その計画は、やがて予定になるはずです。

そうして、夢を目標に変え、目標を予定に変えて、ひとつひとつ実行していきます。夢を再構築し、人生を再出発できた人は人に優しくなれます。

※パートIで紹介した質問型会話テクニックについて、私が運営する「東京ヒプノセラピーサロン」のサイト(https://www.takahashifumiaki.biz/)から、感想をメールでお寄せください。同サイトには「無料メール相談」も開設しています。お気軽にメールください。返信に時間がかかるかもしれませんが、必ずお答えします。

パート

Ⅱ

人間関係をよくする7つの「言葉の習慣」

パートⅠは、相手の心のなかに革命を起こす言葉の使い方を解説しました。ちょっとした質問を投げかけるだけで、相手の心が変わっていくのです。その変化をそばで観察することほど楽しいことはありません。それに、嫌な奴や残念な相手が、いい人になってくれたら、これ以上のことはありません。

じつは、相手に気づかせたいことのほとんどは、何年も習慣になってきた考え方や行動・行為です。それを気づかせる会話テクニックはパートⅠで紹介したとおりですが、それによって本当に相手に気づきを与えるには、自分自身の習慣、とくに言葉の習慣を振り返っておくことが大事です。

習慣というのは自分では気づきにくいものです。習慣的に発している言葉が相手との関係を難しくしているのかもしれません。もしパートⅠにある会話テクニックがうまくいかないとしたら、自分の言葉の習慣を振り返ってみることも必要だと思います。

パートⅡにある7つの「言葉の習慣」は、そのためにきっと役立ちます。

●習慣① 否定しない

言葉の使い方で、まず気をつけてほしいのは「相手の意見や人格を否定しないこと」です。頭のなかではわかっていても、知らぬ間に否定してしまっていることがあります。

たとえば、有名タレントの不倫問題が話題になって、相手が「不倫なんて、何でやっちゃうんだろうね。この人もバカだよね」と言ったとします。

しかし、真相はハニートラップ（甘い罠）にかかっただけだということをあなたが知っていた場合、「それ、違うよ」と相手の意見を否定したくなりますよね。否定されると、相手はイラっときますし、気分がいいものではありません。

この場合、まずは「そうだね、この人もバカだよね」と相手の意見を認めてあげることです。そのうえで、「もしかしたら、この人、ハニートラップにかかったのかもしれないね。ネットニュースで言ってたよ」と話すと、人間関係がスムーズになると思いませんか。

私たちは、相手の人格を否定するような言葉を知らず知らずのうちに使ってしまっています。

「バカなんじゃないの？」

「いつもそうなんだから！」

「なんか、あなたにはがっかりだよ」

「やるやると言って、何もやらないんだから」

「時間にルーズな人は、恋愛でもルーズなんだよね」

「また、サボってスマホばっかりいじってるんだから」

相手に対して、何らかの不満を持っていると、どうしても、こうした否定の言葉が出てくるようです。相手への不平や不満が皮肉になることもありますし、アドバイスしたり、説教したりすることで相手を否定していることもあります。

そうして、相手を少しずつ傷つけていることを忘れないようにしましょう。

相手に直してほしいことがあっても、まずは相手の意見や人格を認めてあげることです。

「あなたは、素晴らしい人だと思うわ」

「そうだね。そういう意見もあるよね」

「貴重な意見を聞かせてくれてありがとう」

そんな言葉を使ってみてください。

もちろん、こうした言葉を使っても相手への不満は解消できません。自分も含めて完璧な人間などいないと思っているかどうかです。

たとえば、男女のカップルが抱く不満は次の3つにまとめることができます。

(1) 恋愛感情の不満

異性へメールやＬＩＮＥを送っていることだったり、異性の参加する飲み会に行っていることだったりと、嫉妬による不満です。

(2) 生活習慣の不満

タバコをやめてほしいとか、約束を守ってほしいとか、人前でゲップしないでほしいとか、そうした生活習慣に関する不満です。

(3) 人間性に関する不満

すぐに機嫌が悪くなるとか、自分のことしか考えていないとか、頭のデキが悪いとか、人間としての根本に関する不満です。

人間関係の種類によって不満の内容は違ってきます。職場での不満は、裏側に嫉妬があったりします。自分よりも成績が良かったり、給料が上だったりすると、強烈な嫉妬が生まれ、それが不満になって現われます。

自分の内にどんな不満があるのかを認識していれば、それだけで感情はコントロールできます。そのためには、まずは不満があっても相手を否定する言葉を使わないことです。

●習慣② ジャッジしない

自分の勝手な尺度で出来事や人をジャッジするという習慣は、誰にもあるようです。そうしてジャッジしていると、自分が苦しくなってきます。ところが、そうとわかっていても知らず知らずのうちにやってしまうのです。

そうならないためには、意識して「ジャッジしない」トレーニングをするしかなさそうです。まずは、日ごろ、自分が一方的に対象をジャッジしていないか、振り返ってみましょう。

ジャッジするとは、自分なりの善悪で判断したり、「これは、こういうものだ」と決めつけてしまったり、色をつけてしまったり、自分なりに解釈したりすることです。ジャッジしないためには、ひとまず、いったん「あるがままを受け入れる」ことです。

ジャッジしてしまう対象は三つです。

(1)自分自身

「ああ、何で、私って、こんなミスをしてしまうんだろう?」

「こんなんじゃダメ。もっと強くならなくちゃ」
「もっとポジティブになろう」
こんな考えは、自分をジャッジしていることになります。

(2) 相手

相手のことをわがままな人だなとか、自己チューな人だなと思うことは、完璧にジャッジしていますし、あなたがそう思うと、よけいに相手はわがままで自己チューな人間になってしまいます。

何より、あなた自身がますます苦しくなります。相手も、あなたをジャッジするようになりますから、悪循環の泥沼にはまっていくのです。

相手が何をしようが、何を言おうが、逆に、こちらの求めることをやってくれなかったとしても、勝手な判断はしないことです。相手があなたに「愛してる」と言ってくれないからといって、「ああ、私は愛されていないんだ」と解釈してしまうと、苦しくなるばかりです。

(3) 出来事や物

交通事故にあったり、仕事でミスしたりすると、「あ、ヤバイ!」とか「やってしまった！」とか、ネガティブな判断をしてしまいます。このネガティブな判断もジャッジしていることになります。

たしかに、交通事故にあうと臨時の出費もあるでしょうし、仕事を休まなければいけないかもしれません。仕事でミスをすると、上司に叱られたり職場の仲間に迷惑をかけたりします。

しかし、そうしたことをすべて悪い出来事とジャッジしてしまうと、あなたは悪い体験をしたことになります。交通事故や仕事のミスをすることで、あなたは多くのことを学ぶかもしれません。もしかすると、そのことで最良の友と出会うかもしれません。学びや友人を得ることができたら、交通事故も仕事のミスも、素晴らしい体験になるはずです。

物に対しても同じです。たとえば、お金。

「お金のことは、あまり考えないようにしています」

「別にお金のために働いているわけじゃないですし」

「お金は不浄なものだ。人間を悪の道へ誘い込む」

「お金の話をする人って、みっともないですよね」

「お金なんか、そこそこあればいいんです」

そんなことを言っている人は、心のどこかで、お金に対してネガティブなジャッジをしています。

まずは、自分がいろんな出来事や物をジャッジしていることに気づきましょう。

ジャッジしている自分に気づいたら、どんなことにも必ずプラスとマイナスの両面があることに気づくことです。お金も、マイナス面とプラス面があります。たしかに、お金は人間を惑わす面がありますし、お金にガツガツしている人はみっともないです。しかし、お金があるから生活できるわけですし、人を助けることもできます。お金には、プラスとマイナスの両面があるのです。交通事故だって、仕事でミスしたことだって、人間そのものにだって、みんなプラスとマイナスの両面があるのです。

そこまで気づいたら、プラスの面に光を当てることです。財布のなかに100円があったとします。「なんだ、100円しかないのか?」と思うのか「やったね。100円あったよ!」と思うのか?　幸せな人生を送るのは、どちらだと思いますか?

●習慣③　「ありがとう」を口癖にする

くり返し耳にした言葉は暗示がかかりやすくなります。小さいころから何度も聞いている親のセリフが「あなたはダメな子ね」だったら、自分はダメな子なんだと思い込んでしまいます。自分はダメな子だと思い込んだ人がどんな人生を送るのか想像してみてください。

くり返し話す言葉というのは、換言すると「口癖」です。この口癖をポジティブなものにすれば、相手にポジティブな暗示がかかります。そして、あなた自身もポジティブな気持ちになるでしょう。

人をもっともポジティブな気持ちにさせて、なおかつ受け入れやすい言葉がありま す。それが「ありがとう」です。

「ありがとう」と何度も言われた相手は、自分が「重要な人間なんだ」「人から感謝される人間なんだ」と思えるようになります。

いつでも「ありがとう」と言う癖をつけるようにしましょう。何かしてくれたら「ありがとう」。メールをくれたら「ありがとう」。楽しい時間を作ってくれて「ありがとう」。そばにいてくれて「ありがとう」。何もしてくれなくても、いるだけで「ありがとう」

いくらでもあります。

「生まれてきてくれて、ありがとう」
「手をつないでくれて、ありがとう」
「笑顔をみせてくれて、ありがとう」
「ステキな存在でいてくれて、ありがとう」
「思い出すだけで、ありがとうと言いたい」
「感謝しています、ありがとう」

相手に面と向かって「ありがとう」と言うのが恥ずかしかったら、メールでもいいのです。何もなくても、「ありがとう」とメッセージを送る癖をつけてみましょう。慣れてくると恥ずかしさはなくなります。当たり前のように「ありがとう」と言えるようになります。そうなると、あなたの周囲は「ありがとう」だらけになり、バラ色の人生になるでしょう。

●習慣④　愛を伝える言葉を見つける

これは、とくに恋人同士や家族にいえることです。

「愛してるよ」と相手に、どんどん言ってみましょう。メールでもかまいません。日本人は「愛してる」と口に出せない人が多いようですが、ちゃんと言葉にしなければ相手は安心しませんし、伝わらないことがあります。

「愛してるって言うような文化で育ってないから、言えないよ」

と弁解する人がいます。

「愛」という言葉を軽はずみに使ってはいけないと考えている人もいるようです。「愛してるよ」と簡単に言える人は、軽薄な心の持ち主で、キャバクラ嬢かホストだと思っているのかもしれません。

もし相手がそういう価値観を持っているのであれば、その意見を尊重してあげましょう。

決して否定しないでください。ジャッジもやめておきましょう。あなたのほうが苦しくなるだけで、何の利益もありませんから。

ただ、相手が「愛してるよ」と言わないからといって、あなたも言わないというのは、いただけません。

「愛してる」と言うのが恥ずかしかったら、別の言葉でもかまいません。

「愛（いと）しいよ」

「愛してなくはないからね」

「行動で愛を示してみたいんだよね」

「愛ってよくわからないけど、大切に思ってるよ」

「愛してるという言葉は言いづらいけど、気持ちはわかってね」

否定文になってもいいので「愛」という言葉が入っていれば、相手に伝わります。自分なりに「愛」を伝える言葉を見つけて、週に1回くらいは発信してみてください。メールでもいいし、メモ書きでもかまいません。英語で「ラブ・ユー」というのもアリです。

人間関係が慣れてくると、思いやりを持ったり、気を使ったり、配慮したりといったことがおろそかになるものです。言わなくてもわかってるだろと、勝手に自分で了解していることもあるでしょう。

しかし、ときには愛の言葉が欲しくなるものです。「愛」という言葉は、それだけで、人の心を揺さぶります。「愛」という言葉をいっぱい使って、相手の心を揺さぶってみましょう。

もちろん、職場では「愛」という言葉を使うと誤解されたり、セクハラになったりします。ですから、職場の仲間には使う言葉を用意しておきましょう。

たとえば「あなたの幸せと成長を祈っています」とか、「ご自愛くださいませ」とか、自分なりに使いやすい言葉を見つけてみてください。

●習慣⑤ 相手の喜びのツボを見つける

人それぞれ喜びのツボが違います。ただ、たんに「スゴイね」と言ってあげるだけで喜ぶ人もいますが、逆に同じ言葉でも「何がスゴイんだよ。おべんちゃら言うな」と怒りだす人もいます。

ですから、常日頃から、相手がどのような言葉に喜びを感じるのか、そのツボを探ることを習慣にするのです。じっくりと観察していれば、必ず見つかります。

たとえば、こんな質問をしてみましょう。

(1)「最近、何かいいことありましたか?」

この質問で、相手がどんな出来事を「いいこと」だと感じているのかがわかります。相手の価値観を知ることになるのです。

(2)「おススメの映画や本は何ですか?」

この質問で、相手の好みや世界観がわかります。恋愛映画や恋愛に関する本がおススメだったら、相手は間違いなく恋愛に興味があります。

(3)「最近のマイブームや夢中になってること、趣味は何ですか?」

「趣味は何ですか?」と聞いて、答えてくれないことがありますので、マイブームとか、夢中になってることとかを聞くのがいいでしょう。

相手の趣味や世界観や価値観は、あなたと異なることも多いでしょう。たとえば、あなたは会社で表彰されたことを「いいことだ」と感じるかもしれませんが、相手はそんなことよりも友だちとお酒を飲んだことを「いいことだ」と感じているかもしれません。あなたは、恋愛映画よりもSF映画のほうが好きかもしれませんが、相手はまったく違うかもしれません。

そんなとき、相手の趣味のことを多少は勉強したり、好きでもない恋愛映画を観たりすることは大切です。そうやって、相手を知ることでコミュニケーションがスムーズになりますし、あなた自身の世界も広がるでしょう。

自分とは違うからといって、コミュニケーションをとらないでいると、やがてその溝は大きくなっていきます。ですから、先に、あなたが相手の喜ぶ話をしてあげれば、きっと相手もあなたの喜ぶ話をしてくれるようになるはずです。

●習慣⑥　相手のやる気スイッチを見つける

人によってやる気スイッチは違います。相手がどんな言葉でやる気が出るのかを探ってみましょう。やる気（モチベーション）に関して、人間は次の4つのタイプに分類することができます。

(1)他人依存タイプ

他人への依存度の高い人は「まかせるから、一人でやってごらん」と言われると不安になって足がすくみます。やる気はまったく出てきません。

逆に他人依存タイプは、人から応援されていると感じたらやる気を出します。あるいは、「いつも気にかけてるよ」と感じさせてあげることです。

「何か手伝えることはありますか？」
「何か困ってることはありますか？」
「どう？　元気でやってる？」

などと、積極的にこちらから声をかけてあげることです。

日本人で圧倒的に多いのはこのタイプです。

(2)自主独立タイプ

自主独立タイプの人は、依存タイプとは真逆です。いちいち干渉されることを嫌います。何でも一人でやっていきたいのです。

「まかせるから、一人でやってごらん」と言われると燃える人たちです。

(3)目標達成タイプ

目標を立てて、それに向かって情熱を燃やすタイプの人です。目標達成タイプの人は、未来にフォーカスしていますし、頭脳明晰で目まぐるしく回転していて斬新なアイデアが次々と浮かんできます。

ですから、相手が思いをめぐらしている未来の夢の話をしっかりと聞いてあげましょう。さらに、相手が話すいろんなアイデアを驚きをもって聞いてあげると、相手のやる気はますます高まっていきます。

(4)リスク回避タイプ

リスク回避タイプは、未来にフォーカスする目標達成タイプの逆で、過去の失敗などを分析するのが得意です。ですから、何か新しいことにチャレンジするとき「どんなリスクがあると思う?」と質問してみると、頭を回転させはじめます。

「改善するとしたら、何ができる?」

という質問も、リスク回避タイプの人をやる気にさせる言葉です。

●習慣⑦ 自分の質問力を高める

質問には力があります。その場で答えられなくても相手の脳はずっと考えていますから、あとで、その質問の答えが花開くことがあるのです。

あなたも、こんな経験はありませんか？　有名人の名前がなかなか出てこないのです。「たしか、政治家で経済学者で、東京都知事にもなったことのある人だけど、誰だっけ？」と友人と話していても名前が出てきません。しかし、考えるのをやめてトイレに入ったとたん「あ、舛添要一だよ！」と思い出すのです。

つまり、人間の脳は、意識的に考えることをやめても、無意識下では答えを出そうと、その質問をずっと考え続けているということです。

ですから、相手にステキな質問を投げてあげてください。ステキな質問というのは、その質問の答えがステキなものになると予測できる質問です。

たとえば、「どうして、あなたは、いつも遅刻してくるの？」という質問だと、「時間にルーズだから」とか、「歩くのが遅いから」とか、ステキな答えは期待できません。

「どうすれば遅刻せずに待ち合わせに来られるかな?」という質問だったら、どうでしょうか? 相手は、「どうすればいいのか?」といろいろと考えるでしょう。その場で答えが出なかったとしても、相手の脳は考え続けてくれますし、いずれは答えを出してくれるでしょう。

さらに、こんなふうに、具体的な質問をしてみるとどうでしょうか。「どうすれば約束の5分前に待ち合わせ場所に来られるかな?」

この質問だと、5分前に待ち合わせ場所に行くということが、相手の脳にインプットされますので、前の質問よりもステキな結果が期待できます。

「何分前に家を出ればいいのかな?」、「5分前に行って待ってることで、どんなご褒美が欲しい?」、「15分くらい前に待ち合わせ場所に行って、どんな本を読んでる?」これらは、さらにステキな結果が期待できる質問です。より、ステキな質問は何か?常に考えて、ステキな質問を開発してみましょう。この質問力が人間関係を10倍ステキにしてくれますから。

コラム 言葉で人に気づきを与え、癒す仕事はやりがいがある

お医者さまは、患者を診断して、薬を与えたり手術をしたりして病気を癒します。柔道整復師やカイロプラクターやマッサージ師、整体師などは、自分の手を使って人を癒します。

カウンセラーやライフコーチ、ヒプノセラピストは、言葉で人を癒す人たちです。私は、カウンセリングやライフコーチング、ヒプノセラピーなどの勉強を長年続け、資格を取得し、作家業とのダブルワークで仕事をしています。

作家業は言葉を扱いますし、私の本を読んで「感動しました」「生きる勇気が湧いてきました」と言ってくださる読者が、わずかですが、おられます。だから、作家業も、ある意味、言葉で人を癒す仕事だと言えるかもしれません。

お医者さまで作家をやっている人はたくさんおられますし、私は、とうぶん、ダブルワークで、やっていこうと考えています。こんな働き方も悪くないです。

「仕事」という言葉は、そもそもは「何かをする」という意味でした。「ことを為す」ということです。しかも、「仕」という漢字には「奉仕」という意味もありま

す。社会に奉仕することが仕事なのです。

仕事というと、どうしても「一時間働いて、いくらもらえるのか」と、ついお金のことを考えてしまいますが、本来は社会に奉仕することだったのです。

奉仕するとなると、やりがいのある仕事を選ばなきゃ長続きしません。その点、「言葉で人を癒す仕事」はやりがいがあると思います。無償奉仕でも、かなり充実感をもたらしてくれます。

実際、私は、無料モニターとして、文章スクールの生徒さんや友人たちのカウンセリングをしたり、ライフコーチングしたり、ヒプノセラピーをしたりしました。無料で延べ300人以上セッションしました。何度もやるうちに、うまくなり、実力が少しずつついてきたのです。

「スゴクよかったです！」と感想をくれる人もいましたし、「愛する人ができました！」「ダイエットが成功しました！」と喜びの声を送ってくれる人もいました。そうやって、実力と実績がついていったのです。

「これならお金をいただいても大丈夫」

と思えるレベルになったのが、資格を取得して2年目でした。

逆に言えば、資格を取得しても2年間は、人を癒す仕事でお金を稼ぐことはできなかったということです。もちろん、個人差がありますので、いちがいには言えませんが、どんな仕事でも、それくらいの時間がかかるのではないでしょうか。

もしも、あなたが、人を癒す仕事で生計を立てたいと思うのであれば、まずは、実力と実績をつけることを考えてみてください。現在、会社にお勤めであれば、それを続けながらのダブルワークをおススメします。実力と実績がつくには、時間がかかります。「急いては事を仕損じる」「急がば回れ」です。起業コンサルや起業セミナーなどでマーケティングや集客法などを教わることも大切ですが、もっとも重要なのは実力と実績をつけることです。

私がはじめたヒプノセラピーだと、開業はホームページを作るだけです。ゆったりと座れる椅子とセラピールームが必要ですが、開業資金はさほどかかりません。自宅サロンで開業している人もたくさんおられます。

恋愛で悩んでいる人、結婚で悩んでいる人、離婚で悩んでいる人、職場の人間関係で悩んでいる人、悩みを抱えた人はいっぱいおられます。多くの人が、悩みを解決するために、インターネットで情報を探しています。そうやって、私のホームページにたどりつき、ヒプノセラピーの個人セッションを申し込んでくださいます。

悩んでいる人だけではありません。仕事のパフォーマンスを上げたいとか、年収をアップさせたいとか、お金のブレーキを外したいとか、ダイエットを成功させたいとか、目標を達成するためにヒプノセラピーの個人セッションを申し込まれる人もいます。なかには、演歌歌手や政治家、スポーツ選手などもセッションを受けに来てくれます。

個人セッションだけではありません。グループセッションのワークショップを開いたり、マインドフルネスの実践会を開いたり、毎日、楽しくお仕事をさせていただいています。

たぶん、私が人を癒すことに使命を感じているからだと思います。どんなに忙しくても、どんなに疲れていても楽しいのです。何より、この仕事をしているなかで出会った人たちが、愛に満ちあふれた人たちばかりなのです。そういう人たちとは、一生お付き合いしたいと思います。この仕事をする一番の喜びは、そういう仲間ができたことです。

おわりに

あなたの部下が否定的なことばかり口にしていたらどうしますか？

「もっと前向きにポジティブな言葉を使うようにするといいよ」とアドバイスしても、長年ネガティブな言葉を使ってきた、あなたの部下は簡単に改めてくれないでしょう。そんなとき、どんな言葉を使えばいいのかという会話テクニックは本書でたっぷりと学んでいただいたと思います。

勉強しないでゲームばかりやっている子どもに、どんなふうに声をかければいいのか？

口ばっかりで行動しない友人にどんなふうに言って忠告すればいいのか？

「愛してる」と言ってくれない恋人に、どうお願いすればいいのか？

本書を読み終えたあなたは、わかっていると思います。

ただ、「実際にやってみたけど、うまくいかなかった」とか、「こういうケースはどの会話テクニックを使えばいいのですか？」とか、「応用の仕方がよくわかりません」

という人は、ぜひ、私のところへメールをください。

「東京ヒプノセラピーサロン」のサイト（https://www.takahashifumiaki.biz/）でメール相談を無料で受け付けていますので、お気軽にメッセージを送ってください。


会話テクニックを身につけるにはくり返しやってみることです。やってみて、うまくいかなかったら、自分なりに工夫して改善していく必要があります。一度やってみて、うまくいかなかったからといって、すぐにあきらめてしまうと、永遠にあなたの人間関係は変わりません。変わらないどころか悪化するかもしれません。決して、決してあきらめずに、何度もチャレンジしてみましょう。


そこで大事なポイントがあります。それは愛を持って相手に接することです。相手が上目線で横柄で短気な人だったとしても、心のなかでは相手の成長と幸福を祈ってあげてください。

「○○さんの幸せを心から祝福します！」

と心のなかで何度も言ってみるだけです。この祈りがあれば、あなたの人間関係は必ず改善します。あなたは愛そのものになり、愛に満たされるでしょう。

口で「愛してるよ」と言うだけではダメです。行動で相手に奉仕したとしても、心がなかったら真実の愛ではありません。この祈りがあってはじめて真実の愛と言えます。

私は、前妻が亡くなったことでヒプノセラピーに出会うことができました。ヒプノセラピーが私の心を癒してくれたのです。正常な精神状態に戻ったとき、私は猛反省しました。

「ボクは妻を愛していなかった」

と思ったのです。

周囲が結婚しているから結婚しただけです。コミュニケーション障害のある前妻を毛嫌いするだけで愛を持って接していませんでした。

あのとき、ヒプノセラピーやミルトン・エリクソンのことを学んでいたら、もっと違う家庭が築けたのではないかと悔やまれてなりません。言葉の使い方ひとつで相手はステキに変わるのです。

私は猛反省したあと、今度、親密な関係になる相手があらわれたら全身全霊で愛していこうと思いました。相手の幸せを祈り、口でも愛の言葉を発信し、体でも行動で愛を表現していこうと決意したのです。

私の内面が変わると、不思議なもので、環境がどんどん変化し、ステキなパートナーがあらわれたのです。現在は、その新しい妻と、人を癒す仕事を展開しています。そして、「この地球を愛であふれる星にしようね」と語り合っています。

ぜひとも、本書をフルに活用して、あなたの人生を愛でいっぱいにしてください。そして、この地球を愛であふれる星にしましょう。最後まで読んでいただきありがとうございます。

「私はあなたの幸せを心から祝福します！」


本書を出版するために多くの人の応援をいただきました。ここに感謝の言葉を送ります。いつも私のワークショップに駆けつけてくれるヒーラーズ倶楽部の仲間たち、私の仕事を手伝ってくれる高橋フミアキ事務所のスタッフたち、コスモ21の山崎優さま、そして私の妻・高橋マイさん、ありがとう。心から感謝します。

この本に触れる尊い魂たちに、愛と感謝を捧げます。ありがとう！

高橋フミアキ

教えるより気づかせる「質問型会話テクニック」大全

2019年4月10日　第1刷発行

著　者――――高橋フミアキ

発行人――――山崎 優

発行所――――コスモ21
〒171-0021　東京都豊島区西池袋2-39-6-8F
☎03(3988)3911
FAX03(3988)7062
URL https://www.cos21.com

印刷・製本――中央精版印刷株式会社

定価はカバーに表示してあります。

ISBN978-4-87795-377-5 C0030